GRILL PILZE!

GRILL PILZE!

Besser als Fleisch: 50 vegetarische und vegane BBQ-Rezepte

CHRISTIAN

Vorwort

Pilze als natürlicher Fleischersatz

In den letzten Jahren hat die vegetarische und vegane Ernährung bei uns immer mehr an Bedeutung gewonnen. Das Bewusstsein, dass nachhaltig essen ein wichtiger Aspekt für die Gesunderhaltung unseres Planeten ist, hat viele von uns dazu bewegt, den eigenen Konsum von Fleisch und tierischen Produkten zu hinterfragen.

Dieses Buch möchte daher all jene unterstützen, die sich vegetarisch oder vegan ernähren wollen – sei es immer oder immer mal wieder!

Gerade im Sommer, wenn der Grill oft angeheizt wird, fällt es vielen schwer, ganz auf Fleisch zu verzichten. Zwar gibt es da mittlerweile tolle Ersatzprodukte, aber wie viel »Kunst« steckt darin? Hier herrscht immer noch Unsicherheit. So bleibt Vegetariern beim Barbecue oft nur Grillkäse, Veganern das klassische Gemüsepäckchen. Das soll sich mit diesem Buch ändern: Pilze als natürliche Fleischalternative. Dank ihrer festen Faserstruktur bringen sie die besten Voraussetzungen dafür mit. Ihr Eigengeschmack ist so dezent, dass er nicht dominiert, während ihr zartes Äußeres Gewürze und Marinaden wunderbar aufnimmt.

Dieses Buch möchte Sie auf eine köstliche Reise durch die Welt der Grillpilze als Fleischersatz einladen. Ob Kräuterseitlinge als saftige Pulled Pilz-Burger, Enoki-Pilze in Teriyaki-Sauce oder gegrillte Portobellos-Steaks mit Kräuterbutter – lassen Sie sich zu fleischlosen Grillgerichten inspirieren.

Viel Spaß und guten Appetit!

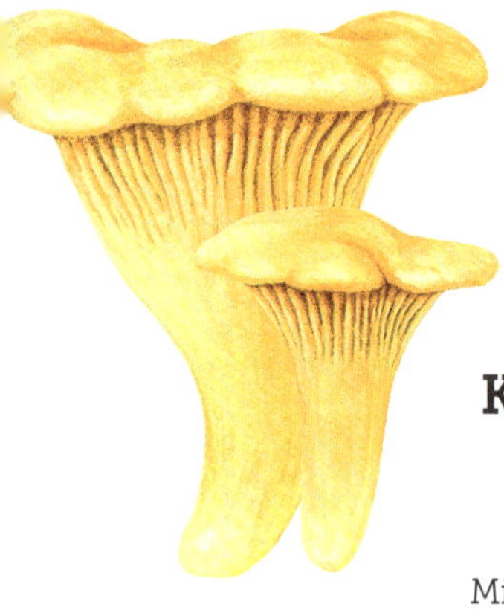

Hack & Co

Gefüllt

Beilagen

Grill Pilze!

Pilze grillen

Warum Pilze grillen? Ganz einfach: Weil aus ihnen dank ihrer Textur köstliche vegetarische und vegane Fleischalternativen entstehen. Dabei spielt es keine Rolle, ob Sie Pilze leidenschaftlich selber sammeln oder im Supermarkt kaufen.

Holzkohlegrill oder Gasgrill oder Elektrogrill – Pilze lassen sich grundsätzlich auf jedem Grill zubereiten. Wie das geht, können Sie im Folgenden nachlesen. Denn vielleicht fragen Sie sich: Wie bereite ich den Grill vor? Welches Zubehör brauche ich? Und, und, und ... Hier sind die Antworten!

Grillen auf dem Holzkohlegrill

Die Zubereitung auf einem Holzkohlegrill verleiht dem Grillgut ein besonderes, rauchiges Aroma. Es ist etwas aufwendiger als mit einem Elektro- oder Gasgrill, aber es bleibt die traditionellste Barbecue-Methode.

Vorbereitung des Grills

Die Holzkohle sollte etwa 30 Minuten vor dem Grillen angezündet werden, so kann sich eine gleichmäßige Glut bilden (idealerweise bei geschlossener Haube), bis das Grillgut aufgelegt wird. Die Kohle sollte so verteilt werden, dass es direkte und indirekte Hitzezonen gibt. Auch der Grillrost sollte erhitzt werden. Der Grill ist bereit, wenn die Holzkohle durchgeglüht und mit einer weißen Schicht überzogen ist.

Bevor das Grillgut auf den Grill gelegt wird, empfiehlt es sich, den Rost vorsichtig mit einem hoch erhitzbaren Öl (z. B. raffiniertes Rapsöl) einzufetten. Dazu kann man beispielsweise ein Küchenpapier mit Öl beträufeln, in eine Grillzange klemmen und damit vorsichtig über den Rost streichen. Achten Sie darauf, dass kein Öl in die Glut tropft und dass das Küchenpapier nicht in die Nähe lodernder Flammen kommt.

Wichtig: Der Grill muss auf einer stabilen, ebenen und feuerfesten Unterlage stehen.

Temperaturzonen

Bei einem Holzkohlegrill gibt es zwei wichtige Temperaturzonen:

Direkte Hitze: Das ist der Bereich direkt über der Holzkohle. Die direkte Hitze eignet sich hervorragend zum scharfen Anbraten von Pilzen, um eine schöne Bräunung und ein rauchiges Aroma zu erzielen. Große, dickfleischige Pilze wie Portobello oder andere große Champignons können in diesem Bereich gut gegrillt werden. Enoki-Pilze, Austernpilze und Morcheln sind Beispiele für Pilze, die schonender gegart werden sollten, hier empfiehlt sich der Randbereich der direkten Zone. Die direkte Hitze wird oft verwendet, wenn Röstaromen erzeugt werden sollen.

Indirekte Hitze: Das ist der Bereich, der nicht direkt über der Holzkohle liegt. Hier ist die Temperatur etwas niedriger und konstanter. Diese Zone eignet sich wunderbar für empfindlichere oder kleinere Pilzsorten, die bei direkter Hitze schnell verbrennen können. Der Bereich passt auch für Grillgut mit längeren Garzeiten, wie in diesem Buch der Pilz-Hackbraten (Seite 103), oder zum Durchgaren nach kurzem, scharfem Anbraten. Idealerweise wird dieser Teil mit einer Haube abgedeckt, damit die heiße Luft zirkulieren und das Grillgut garen kann.

Bei indirektem Grillen ist es ratsam, eine Auffangschale unter das Grillgut zu stellen, um herabtropfendes Fett aufzufangen und ein unerwünschtes Aufflammen zu verhindern. Außerdem lässt sich so vermeiden, dass austretendes Wasser (Pilze bestehen zu etwa 90 Prozent aus Wasser) auf der Glut verdampft. Das würde für zu viel Dampf unter der Haube sorgen, wodurch die Pilze zäh würden.

Temperatursteuerung

Die Temperatur lässt sich beim Holzkohlegrill nicht so gezielt steuern wie beim Elektrogrill, sie kann aber durch die Höhe des Grillrostes (sofern der Grill die Möglichkeit bietet), die Menge der Kohlen und deren Anordnung beeinflusst werden. Um die Temperatur, die auf das Grillgut einwirkt, zu senken, wird der Rost höher über den Kohlen angebracht, und um die Temperatur zu erhöhen, näher an den Kohlen. Auch die Menge der Kohlen kann zur Temperaturregelung verwendet werden: Mehr Glut erzeugt in der Regel eine höhere Temperatur. Es braucht etwas Erfahrung, bis man die genauen Temperaturbereiche kennt.

Grillen auf dem Gasgrill

Barbecue auf einem Gasgrill ist eine praktische Alternative zum Holzkohlegrill, da die Holzkohle nicht vorglühen muss und die Temperatur genauer geregelt werden kann.

Vorbereitung des Grills

Gasgrills müssen in der Regel nicht so lange vorgeheizt werden wie die Holzkohlevariante. In der Regel genügt es, die Gasflammen etwa 10 bis 15 Minuten vor dem Grillen zu entzünden und bei geschlossener Haube auf die gewünschte Temperatur zu bringen.

Durch die Antihaftbeschichtung der Grillroste oder -platten beim Gasgrill ist ein Einfetten in den meisten Fällen nicht notwendig. Bei Pilzen sollte jedoch in jedem Fall leicht eingefettet werden, denn die zarte Haut klebt leicht an und reißt dann beim Wenden. Die Folge: Das ungeschützte Pilzfleisch verbrennt. Lesen Sie aber in der Bedienungsanleitung nach, was zum Einfetten empfohlen wird.

Wichtig: Der Grill muss auf einer stabilen, ebenen und feuerfesten Unterlage stehen.

Temperaturzonen und -regelung

Gasgrills bieten im Normalfall eine große Grillfläche. Die Hitzezufuhr lässt sich durch Hoch- oder Herunterdrehen des Gasreglers einstellen und damit genauer steuern als beim Holzkohlegrill. Auch hier lassen sich wie zuvor beschrieben (Seite 10, Holzkohlegrill) direkte und indirekte Hitzezonen abgrenzen.

Direkte Hitze: Das ist der Bereich über entzündeten Flammen. Je mehr Gas zugegeben wird, desto heißer ist diese Zone. Für Pilze ist im Allgemeinen eine Temperatur zwischen 180 °C und maximal 200 °C gut geeignet.

Indirekte Hitze: Für indirektes Grillen (möglich auf ausreichend großen Geräten) wird der Grill auf der einen Seite angezündet und das Grillgut auf die andere Seite gelegt. Anschließend muss die Grillhaube geschlossen werden, damit die Hitze zirkulieren kann. Wie schon beschrieben (Seite 10, Holzkohlegrill), ist diese Methode ideal bei längeren Garzeiten.

Zum Auffangen von herabtropfenden Marinaden oder Garsäften muss auch hier eine Auffangschale untergestellt werden. Diese verhindert auch, dass austretendes Wasser (Pilze bestehen zu gut 90 Prozent aus Wasser) auf der Glut verdampft. Dadurch würde sich zu viel Dampf unter der Haube sammeln, was die Pilze labberig und zäh machen würde.

Grillen auf dem Elektrogrill

Das Grillen auf einem Elektrogrill ist die praktischste Barbecue-Methode und am einfachsten zu handhaben, denn die Temperatur lässt sich präzise regeln. Ein Aspekt, den man beachten sollte, ist, dass Elektrogrills normalerweise nur für das direkte Grillen ausgelegt sind.

Vorbereitung des Grills

Elektrogrills müssen in der Regel nicht lange vorgeheizt werden, da sich die Grillplatten nach dem Einschalten schnell aufheizen. Die meisten Elektrogrills verfügen über Antihaft-Grillroste oder -platten, die ein Anhaften des Grillguts verhindern. In der Regel ist es daher nicht notwendig, diese zu fetten. Bei Pilzen muss allerdings in jedem Fall leicht eingefettet werden (siehe »Vorbereitung des Grills« unter »Grillen auf dem Gasgrill«). Es ist dennoch empfehlenswert, in der Bedienungsanleitung nachzulesen, um sicherzustellen, ob dies für Ihr spezifisches Modell zutrifft.

Temperaturzonen und -regelung

Elektrogrills verteilen die Wärme gleichmäßig über die Grillfläche, was gleichbleibende Ergebnisse ermöglicht. Die Temperatur kann auf einem Elektrogrill gezielt eingestellt und somit exakt an das Grillgut angepasst werden. Unterschiedliche Temperaturen über die Grillfläche verteilt lassen sich jedoch nicht regulieren, wenn der Grill nicht mit getrennt anzusteuernden Heizstäben ausgestattet ist.

Wichtig: Der Grill muss auf einer stabilen, ebenen und feuerfesten Unterlage stehen.

Zubehör

Grillzangen

Grillzangen sind zum Wenden der Pilze oder Spieße unerlässlich. Wie bei Fleisch sollte das Gemüse nicht mit einer Gabel eingestochen werden.

Grillschale

Besonders kleine oder klein geschnittene Pilze sind oft zu schmal für die Roste und können durchfallen. Außerdem sind sie schwerer zu greifen und können nicht so leicht gewendet werden. Marinaden und Saucen dürfen nicht auf die Hitzequellen tropfen. In beiden Fällen helfen Grillschalen. In ihnen lassen sich auch feine Sorten wie Pfifferlinge oder Morcheln schonender grillen als bei direkter Hitzeeinwirkung.

Perforierte Grillschalen: Diese Schalen haben viele kleine Löcher im Boden, durch die die Hitze das Grillgut erreichen, garen und aromatisieren kann. Allerdings können Marinaden und Saucen durch die perforierte Oberfläche austreten.

Geschlossene Grillschalen: Diese Grillschalen sind vollständig geschlossen und eignen sich gut, um darin Pilze mit dickflüssigen Marinaden zu grillen, denn Letztere haften stärker am Grillgut und es könnte mehr davon heruntertropfen. Ein Beispiel für ein Gericht mit einer solchen Marinade sind die Austernpilze in Joghurtmarinade auf Seite 41.

Grundsätzlich sollten aus gesundheitlichen Gründen keine Aluschalen verwendet werden, da diese bei Kontakt mit Fett und Säuren reagieren und Aluminium an das Lebensmittel abgeben können. Besser und umweltfreundlicher sind Mehrwegschalen aus Edelstahl oder Gusseisen oder emaillierte Grillschalen.

Bei Schalen ohne Antihaftbeschichtung kann es sinnvoll sein, eine leichte Schicht Öl aufzutragen, um zu verhindern, dass das Grillgut anhaftet. Die Vorbehandlung erleichtert dann später die Reinigung.

Auf einem Elektrogrill sind Grillschalen nicht unbedingt erforderlich, da die Temperatur genau geregelt werden kann und das Abtropfen von Marinaden oder Fett normalerweise unproblematisch ist. Wenn Sie Grillschalen auf einem Elektrogrill verwenden, achten Sie darauf, dass diese für Elektrogrills geeignet sind.

In jedem Fall sollten Sie nur Schalen aus Material einsetzen, das hohen bis sehr hohen Temperaturen standhält.

Grillmatten

Eine Alternative zu Aluminiumfolie und Grillpapier sind Grillmatten aus Silikon. Sie sind allerdings nur begrenzt hitzebeständig. Beim Kauf sollten Sie in jedem Fall prüfen, ob das gewählte Produkt für Ihren Grill geeignet ist.

Grillkörbe

Auch Grillkörbe aus Drahtgeflecht sind nützliche Helfer für kleineres Grillgut. Sie bestehen aus einem Metallgitter, das Hitze und Rauch ungehindert durchlässt. Sofern das Drahtgitter ausreichend engmaschig ist, sind sie ideal zum Grillen von kleinen Pilzen oder Pilzstücken, die auf dem Grillrost leicht durchfallen würden.

Grillkörbe gibt es in verschiedenen Ausführungen, darunter auch faltbare Exemplare. In Letzteren kann das Grillgut sicher eingeklemmt und leicht gewendet werden. Dies ist etwa für gezupfte Pilzstücke praktisch. So grillen alle eingelegten Pilze gleichmäßiger als in Grillschalen.

Bestreichen Sie die Körbe vor dem Füllen mit etwas hoch erhitzbarem Pflanzenöl oder sprühen Sie es mit lebensmittelechtem Antihaftspray ein.

Für Elektrogrills gilt wie bei Grillschalen, dass Grillkörbe nicht unbedingt erforderlich sind. Wenn Sie solch einen Korb trotzdem auf einem Elektrogrill verwenden, achten Sie darauf, dass er für Elektrogrills geeignet ist.

Grillpapier

Grillpapier hilft, Zartes wie Fisch, Gemüse oder empfindliche Pilze saftig zu halten, und ist eine praktische Alternative für Grillschalen. Ein weiterer Vorteil ist, dass das Grillgut nicht am Rost festkleben kann. Das Papier hält den Grill sauber und verhindert, dass kleine Teile des Grillguts in die Glut fallen.

Solche Papiere gibt es in verschiedenen Ausführungen, vom einfachen Pergament- bis hin zu speziell beschichtetem Grillpapier. Eine besondere Variante ist Grillpapier aus Holz, das für zusätzliches, rustikales Aroma sorgt. Es sollte wie auch Holzspieße vor dem Grillen etwa 30 Minuten gewässert werden. Lesen Sie dazu die Packungsanweisung.

Zur Verwendung wird Grillpapier in ausreichend große Stücke geschnitten und das Grillgut zusammen mit Gewürzen, Kräutern und Marinaden darin eingewickelt. Zum Verschließen wird das Papier über das Grillgut geschlagen und an den Seiten mehrfach gefaltet. Das Päckchen kann dann einfach auf den Rost gelegt werden.

Köstliche Vielfalt

Pilze sind in Deutschland ein fester Bestandteil der kulinarischen Landschaft. Vom Waldpilz bis zum Kulturchampignon gibt es eine große Artenvielfalt. In den Rezepten in diesem Buch werden vorwiegend solche verwendet, die hierzulande gut erhältlich sind und keine lange Transportwege hinter sich haben. Kulturpilze stammen oftmals aus Deutschland, Polen, den Niederlanden oder Belgien.

Falls Sie Pilze jedoch selber sammeln wollen, gilt: Gehen Sie nur auf die Suche, wenn Sie die nötigen Fachkenntnisse haben und essbare Pilze sicher von giftigen unterscheiden können. Der Verzehr von giftigen Pilzen kann schwerwiegende gesundheitliche Folgen nach sich ziehen. Wenn Sie ohne eigene Kenntnisse sammeln möchten, sollten Sie dies unter Anleitung erfahrener Pilzsammler machen.

Ob gekauft oder selbst gesammelt, im Folgenden hilft Ihnen ein Überblick der beliebtesten Pilze, vorgestellt in kleinen Porträts.

Austernpilze (Pleurotus)

Saison: Austernpilze sind normalerweise von Frühling bis Herbst erhältlich. Allerdings werden sie meist als Zuchtpilze angeboten, wodurch das Angebot weniger saisonabhängig ist.

Wo zu finden: Austernpilze werden auf Wochenmärkten und in gut sortierten Lebensmittelgeschäften verkauft. In der Natur wachsen sie an Baumstämmen und auf morschem Holz.

Wissenswertes: Austernpilze sind leicht an ihren flachen, fächerförmigen Kappen und ihrem zarten, milden Geschmack zu erkennen. Dieser erinnert ein wenig an Kalbfleisch, weshalb sie auch Kalbfleischpilze genannt werden. Der Name »Austernpilz« dagegen kommt daher, dass die Pilze in Kolonien wachsen, die wie Austernbänke aussehen.

Zubereitung: Austernpilze können im Ganzen gegrillt werden. Ihre Struktur ist auch ideal zum Zerzupfen geeignet, beispielsweise für Pulled Pilze.

(Zucht-)Champignons (Agaricus bisporus)

Saison: Champignons sind als Zuchtpilze in Deutschland ganzjährig zu bekommen.

Wo zu finden: Sie sind in fast allen Supermärkten und Discountern erhältlich. Außerdem findet man sie auf Wochenmärkten und bei Gemüsehändlern. Das Sammeln der wilden Arten erfordert fundierte Kenntnisse, da es giftige Doppelgänger gibt. Wilde Champignons sollten nur von erfahrenen Pilzkennern gesammelt werden.

Wissenswertes: Champignons sind für ihren milden, erdigen Geschmack bekannt. Sie enthalten wichtige Mineralstoffe, wie Eisen, Kupfer und B-Vitamine. Der weiße Champignon wird auch Weißer Egerling, der braune Brauner Egerling genannt.

Zubereitung: Champignons lassen sich gut im Ganzen sowie in Scheiben geschnitten grillen. Sie können außerdem gefüllt oder auf Spieße gesteckt werden.

Enoki-Pilze (Flammulina velutipes)

Saison: Enoki-Pilze sind das ganze Jahr über erhältlich, die Haupterntezeit ist jedoch im Herbst und Winter.

Wo zu finden: Die Pilze, auch Winterrüblinge genannt, sind zunehmend in größeren Lebensmittelgeschäften, Biomärkten und asiatischen Supermärkten in Deutschland zu bekommen. Im Vergleich zu Champignons & Co sind sie jedoch schwerer zu finden. In unseren Wäldern kommt der Winterrübling nur selten wild vor.

Wissenswertes: Enoki-Pilze zeichnen sich durch zarte, lange Stiele und kleine, weiße Köpfe aus. Sie stammen ursprünglich aus Asien und sind bekannt für ihren milden Geschmack sowie ihre zarte Struktur. Vor allem in den letzten Jahren haben sie als Einlage in Ramen und anderen asiatischen Suppen an Beliebtheit gewonnen. Enoki-Pilze werden oft in spezialisierten Pilzzuchtbetrieben gezüchtet, um der steigenden Nachfrage nachzukommen.

Zubereitung: Enoki-Pilze am besten im Bündel grillen. Einzeln sind sie zu zart und verkohlen schnell.

Igel-Stachelbart (Hericium erinaceus)

Saison: Der Igel-Stachelbart hat in Deutschland im Spätsommer und Herbst Saison. Die genaue Jahreszeit kann je nach Witterung variieren.

Wo zu finden: Die Pilze sind nicht leicht zu finden. Mit etwas Glück bekommen Sie sie in Bioläden, auf Wochenmärkten und (online) in spezialisierten Pilzshops. Alternativ kann man sie (mit ausreichend Fachkenntnis) auch in Wäldern sammeln, wo sie auf Holz, insbesondere an Laubbäumen, wachsen. Sie sind an ihren auffälligen, buschigen Stacheln leicht zu erkennen.

Wissenswertes: Der Igelstachelbart, auch Löwenmähne oder Pom-Pom-Pilz genannt, hat eine beeindruckende Erscheinung. Er wird wegen seines milden, nussigen Geschmacks geschätzt und gerne als Fleischersatz in vegetarischen und veganen Gerichten verwendet. Neben seinem kulinarischen Wert wird er in der traditionellen Medizin wegen seiner entzündungshemmenden und neuroprotektiven Eigenschaften geschätzt. Die moderne Forschung untersucht seine möglichen gesundheitlichen Vorteile, einschließlich positiver Auswirkungen auf die kognitive Funktion und das Immunsystem.

Zubereitung: Der Igel-Stachelbart kann im Ganzen oder in größere Stücke geteilt gegrillt werden.

Morcheln (Morchella spp.)

Saison: Morcheln sind in Deutschland von April bis Juni erhältlich. Die Saison kann je nach Region und Witterung variieren.

Wo zu finden: Morcheln sind nicht leicht zu bekommen, am besten noch während der Saison auf Wochen- oder in Biomärkten. Mit entsprechender Fachkenntnis können sie jedoch selber gesammelt werden: Sie wachsen in Laub- und Nadelwäldern, oft in der Nähe von Buchen und Eichen, bevorzugt auf feuchten, gut durchlüfteten Böden.

Wissenswertes: Die Pilze zeichnen sich durch ihre besondere Form und ein charakteristisches Lochmuster aus. Sie schmecken leicht erdig und nussig. Es gibt verschiedene Sorten, darunter die Gemeine Morchel und die Spitzmorchel, die in verschiedenen Regionen Deutschlands vorkommen. Auch wegen ihrer kurzen Wuchsperiode sind Morcheln in der Gourmetküche eine begehrte Delikatesse.
Zu beachten ist, dass sie gut durchgegart werden müssen, da sie roh giftig sein können. Ansonsten sind sie gesund: reich an Eiweiß und Ballaststoffen sowie an verschiedenen Vitaminen und Mineralstoffen.

Zubereitung: Morcheln am besten im Ganzen grillen. Wegen ihres hohlen Stiels lassen sie sich außerdem gut füllen.

(Braune) Kräuterseitlinge (Pleurotus eryngii)

Saison: Kräuterseitlinge sind in Deutschland ganz jährig erhältlich.

Wo zu finden: Kräuterseitlinge werden in gut sortierten Lebensmittelgeschäften, auf Wochenmärkten und in Bioläden angeboten. Als Wildpilze sind sie in Deutschland, Österreich und der Schweiz nicht weitverbreitet.

Wissenswertes: Der Kräuterseitling, auch König der Speisepilze genannt, zeichnet sich durch seinen kräftigen Geschmack und seine fleischige Konsistenz aus. Er hat einen cremefarbenen bis bräunlichen Hut und einen dicken, weißen Stiel. Er ist reich an Eiweiß, Ballaststoffen und verschiedenen Vitaminen, was ihn zu einer gesunden Wahl macht.

Zubereitung: Besonders große Exemplare vor dem Grillen am besten halbieren, die Pilze lassen sich aber auch im Ganzen grillen. Aufgrund ihres dicken Stiels bietet es sich an, Kräuterseitlinge in Medaillons zu schneiden, die Stücke können auch gut aufgespießt werden. Zum Füllen sind die Pilze weniger gut geeignet.

(Echte) Pfifferlinge (Cantharellus cibarius)

Saison: Pfifferlinge werden in Deutschland von Juli bis Oktober angeboten. Die Saison kann jedoch je nach Region und Witterung variieren.

Wo zu finden: Die Pilze sind während der Saison in gut sortierten Lebensmittelgeschäften, auf Wochen- und in Biomärkten erhältlich. Es handelt sich dabei immer um Wildpilze, da sich Pfifferlinge nicht züchten lassen. Im Herbst wachsen sie in Laub- und Nadelwäldern und bevorzugen moosige oder grasige Böden.

Wissenswertes: Pfifferlinge, auch Eierschwämme genannt, zeichnen sich durch ihre leuchtend gelbe Farbe und ihren milden, buttrigen Geschmack aus. Sie haben eine charakteristische trichterförmige Form und werden in der Haute Cuisine wegen ihrer zarten Textur und ihres einzigartigen, leicht pfeffrigen Aromas sehr geschätzt. Die Pilze sind reich an Vitamin A.

Zubereitung: Pfifferlinge sollten im Ganzen gegrillt werden und von einer buttrigen Sauce oder Marinade begleitet werden.

Portobello-Pilze (Agaricus bisporus)

Saison: Portobello-Pilze sind in Deutschland ganzjährig erhältlich. Das Angebot kann jedoch saisonalen Schwankungen unterliegen.

Wo zu finden: Die beliebten Pilze sind im gut sortierten Lebensmittelhandel, auf Wochen- oder in Biomärkten erhältlich.

Wissenswertes: Portobellos, auch Riesenchampignons genannt, sind nichts anderes als große braune Champignons. Sie zeichnen sich durch eben diese Größe und ihren kräftigen Geschmack aus. Wegen ihrer fleischähnlichen Textur sind sie in vegetarischen und veganen Gerichten sehr beliebt. Die Pilze sind reich an Eiweiß, Ballaststoffen und verschiedenen Nährstoffen.

Zubereitung: Portobello-Pilze sind im Ganzen gegrillt eine gute Steakalternative. Dank ihrer großen Kappen lassen sie sich sehr gut füllen.

Shiitakepilze (Lentinula edodes)

Saison: Shiitakepilze sind in Deutschland in der Regel von Spätsommer bis Herbst erhältlich. Die genaue Saison hängt von den klimatischen Bedingungen ab.

Wo zu finden: Die Pilze sind in gut sortierten Lebensmittelgeschäften, Wochen- und Biomärkten erhältlich. Sie wachsen auch wild, vor allem an Laub- und Nadelbäumen.

Wissenswertes: Shiitakepilze, auch Eichenpilze genannt, haben einen schirmartigen Hut und einen dicken Stiel. Sie sind wegen ihres kräftigen, erdigen Geschmacks und ihrer festeren Konsistenz beliebt. Darüber hinaus sind sie für ihre zahlreichen gesundheitlichen Vorteile bekannt und werden in der traditionellen chinesischen und japanischen Medizin geschätzt. Ihren Ursprung haben sie in Japan und China.

Zubereitung: Shiitakepilze am besten im Ganzen grillen.

Pilze – Tipps zum Kauf, zur Lagerung und Zubereitung

Um das Beste aus Pilzen herauszuholen, ist es wichtig, auf ihre Qualität, Lagerung und Zubereitung zu achten. Hier sind einige nützliche Tipps:

Frische Pilze erkennen

Frische Pilze haben eine gleichmäßige Farbe und sind frei von Flecken, dunklen Stellen oder Schimmel.

Pilzkappen sollten an der Unterseite geschlossen und unbeschädigt sein.

Pilze sollten fest und nicht welk oder schrumpelig sein.

Kauf und Lagerung

Kaufen Sie Pilze in gut belüfteten, offenen Schalen.

Pilze sind anfällig für Feuchtigkeit, daher sollten sie in Papiertüten oder einem luftdurchlässigen Behälter im Kühlschrank aufbewahrt werden. Vermeiden Sie Plastiktüten, da sie Feuchtigkeit einschließen und Pilze schneller verderben lassen.

Lagern Sie Pilze nur kurze Zeit, da sie schnell schlecht werden. Frisch schmecken sie zudem am besten.

Reinigung

Pilze (mit Ausnahme von Morcheln, Seite 47, 125) nur trocken oder feucht reinigen. Verwenden Sie am besten eine Pilzbürste oder ein leicht angefeuchtetes Tuch, um Schmutz und Sand zu entfernen. Vermeiden Sie es (sofern im Rezept nicht anders angegeben), Pilze längere Zeit in Wasser einzulegen, da sie sich vollsaugen und an Geschmack verlieren.

Klassisch

Portobello-Steaks mit Kräuterbutter

Für 2 Portionen
Zubereiten: 15 Minuten
Grillen: ca. 8–10 Minuten

Für die Kräuterbutter
50 g weiche Butter
1 EL fein gehackte frische Kräuter (z. B. Petersilie, Schnittlauch, Thymian)
1 TL Zitronensaft
1 kleine Knoblauchzehe (optional), gerieben
Salz und Pfeffer nach Geschmack

Für die Portobello-Steaks
4 große Portobello-Pilzkappen
2 EL Olivenöl
Salz und Pfeffer nach Geschmack

1) Für die Kräuterbutter die weiche Butter in eine kleine Schüssel geben. Die Kräuter, den Zitronensaft sowie optional den Knoblauch hinzufügen und die Zutaten gründlich vermengen. Die Kräuterbutter mit Salz und Pfeffer abschmecken.

2) Die Buttermasse auf ein Stück Butterbrotpapier geben und darin fest einrollen. Die Butterrolle bis zur Verwendung kalt stellen.

3) Für die Portobello-Steaks die Pilze vorsichtig reinigen. Die Kappen rundum mit dem Olivenöl einstreichen, salzen und pfeffern.

4) Die Pilze auf dem vorgeheizten Grill bei mittlerer Temperatur etwa 4–5 Minuten pro Seite grillen, bis sie weich sind.

5) Anschließend die Pilze vom Grill nehmen. Zum Servieren mit der Kräuterbutter toppen.

Pilz-Bacon

Für 2 Portionen
Zubereiten: 10 Minuten
Marinieren: 20–30 Minuten
Grillen: ca. 4–6 Minuten

300 g Kräuterseitlinge
4 EL Sonnenblumenöl
2 ½ EL Sojasauce
1 ½ EL Ahornsirup
1 ½ TL geräuchertes Paprikapulver
½ TL Knoblauchpulver
½ TL Zwiebelpulver
1 Prise Pfeffer

1) Die Kräuterseitlinge mit einem feuchten Papiertuch oder einer Pilzbürste vorsichtig reinigen und der Länge nach in dünne Scheiben schneiden.

2) In einer Schüssel das Sonnenblumenöl, die Sojasauce, den Ahornsirup, das Paprikapulver, das Knoblauchpulver, das Zwiebelpulver und den Pfeffer zu einer Marinade vermengen.

3) Die Kräuterseitlinge zur Marinade geben und darin wenden (am besten von Hand), bis sie rundum damit überzogen sind. Abgedeckt 20–30 Minuten im Kühlschrank marinieren lassen.

4) Die marinierten Kräuterseitlinge auf den Grill legen und bei mittlerer bis hoher Temperatur etwa 2–3 Minuten pro Seite grillen, bis sie knusprig und leicht karamellisiert sind. Die dünnen Scheiben werden eine knusprige Textur ähnlich wie Bacon entwickeln.

5) Vor dem Servieren den veganen Pilz-Bacon auf Küchenpapier abtropfen lassen.

Pilz-Spareribs

Zubereiten: 20–25 Minuten
Marinieren: 15–20 Minuten
Grillen: 10–20 Minuten

Für die Pilz-Spareribs

250 g Kräuterseitlinge oder Portobello-Pilze
1 EL Olivenöl
1 TL geräuchertes Paprikapulver
½ TL edelsüßes Paprikapulver
½ TL Knoblauchpulver
½ TL Zwiebelpulver
Salz und Pfeffer nach Geschmack

Für die Sauce

120 ml Ketchup
2 EL Apfelessig
2 EL brauner Zucker
1 EL Worcestersauce
½ EL mittelscharfer Senf
½ TL Liquid Smoke (optional, für rauchigen Geschmack)
Salz und Pfeffer nach Geschmack

1) Wenn für die Pilz-Ribs Kräuterseitlinge verwendet werden, diese gründlich waschen, die Kappen entfernen und die Seiten der Stiele abschneiden, sodass sie dicken Stiften ähneln. Wenn Portobello-Pilze verwendet werden, diese gründlich putzen, die Stiele entfernen und die Kappen in breite Streifen schneiden.

2) In einer kleinen Schüssel das Olivenöl, die beiden Paprikapulver, das Knoblauchpulver, das Zwiebelpulver, Salz und Pfeffer zu einer Marinade vermengen.

3) Die Pilze zur Marinade geben und darin wenden (am besten von Hand), bis sie rundum damit überzogen sind. Abgedeckt 15–20 Minuten im Kühlschrank marinieren lassen.

4) Inzwischen für die Sauce das Ketchup, den Apfelessig, den braunen Zucker, die Worcestersauce, den Senf und optional das Liquid Smoke in einen kleinen Topf geben. Bei mittlerer Temperatur aufkochen. Dann die Temperatur reduzieren und die Sauce 10–15 Minuten köcheln lassen, bis sie eingedickt ist. Zuletzt mit Salz und Pfeffer abschmecken.

5) Die marinierten Pilze auf dem vorgeheizten Grill bei mittlerer Temperatur 4–7 Minuten auf jeder Seite grillen, bis sie zart und rundum leicht gebräunt sind. Danach vom Grill nehmen und rundherum mit der vorbereiteten Sauce bestreichen. Anschließend nochmals kurz auf den Grill legen, um die Sauce etwas zu karamellisieren. Nach Belieben mehrmals wiederholen.

6) Danach die Pilz-Spareribs sofort servieren.

Mini-Austernpilz-steaks

Für 2 Portionen
Zubereiten: 10 Minuten
Marinieren: 20 Minuten
Grillen: ca. 10–12 Minuten

300 g Austernpilze
1 gestr. TL Salz
1 gestr. TL Pfeffer
1 gestr. TL edelsüßes Paprikapulver
1 gestr. TL geräuchertes Paprikapulver
1 TL Tomatenmark
1 TL milder Senf
1 TL Sojasauce
1 TL gehackter frischer Rosmarin
1 ½ EL brauner Zucker
1 Knoblauchzehe, gehackt
2 EL Sonnenblumenöl

1) Die Austernpilze mit einem feuchten Papiertuch vorsichtig reinigen und vom Hauptstiel trennen.

2) In einer Schüssel das Salz, den Pfeffer, beide Paprikapulver, das Tomatenmark, den Senf, die Sojasauce, den gehackten Rosmarin, den braunen Zucker, den gehackten Knoblauch, das Öl und 2 EL Wasser zu einer Marinade vermengen.

3) Die Pilze zur Marinade geben und darin wenden (am besten von Hand), bis sie rundum damit überzogen sind. Abgedeckt 20 Minuten im Kühlschrank marinieren lassen.

4) Die marinierten Austernpilze in ein faltbares, engmaschiges Grillgitter einklemmen. Auf dem vorgeheizten Grill bei mittlerer bis hoher Temperatur etwa 10–12 Minuten grillen, bis sie zart und leicht karamellisiert sind. Gelegentlich wenden.

5) Danach die Pilze vom Grill nehmen und sofort servieren.

Gegrillter Igel-Stachelbart

Für 2 Personen
Zubereiten: 10 Minuten
Grillen: ca. 6–8 Minuten

300 g frische Igel-Stachelbart-Pilze
2 EL Olivenöl
2 Knoblauchzehen, fein gehackt
1 EL gehackter frischer Thymian
Salz und Pfeffer nach Geschmack
Saft von ½ Zitrone
frische Petersilienblätter zum Garnieren

1) Die Igel-Stachelbart-Pilze vorsichtig mit einem Pinsel oder einem Tuch reinigen, um eventuellen Schmutz zu entfernen.

2) In einer Schüssel das Olivenöl, den Knoblauch, den Thymian, Salz und Pfeffer zu einer Marinade vermengen.

3) Die Pilze zur Marinade geben und darin wenden (am besten von Hand), bis sie rundum damit überzogen sind.

4) Die marinierten Pilze auf den Grill legen und bei mittlerer Temperatur etwa 3–4 Minuten pro Seite grillen, bis sie goldbraun sind und eine leichte Grillmarkierung bekommen.

5) Die gegrillten Igel-Stachelbart-Pilze auf einen Servierteller legen und mit dem Zitronensaft beträufeln. Mit frischer Petersilie garnieren und sofort servieren.

Info
Der Igel-Stachelbart, auch »Hericium erinaceus« genannt, ist ein faszinierender Pilz mit einer einzigartigen Textur, die an das Fell eines Igels erinnert. Er hat einen milden, leicht nussigen Geschmack und eine zarte, fleischige Konsistenz. Diese Pilze sind nicht nur köstlich, sondern auch reich an Nährstoffen und werden oft wegen ihrer gesundheitlichen Vorteile geschätzt. Sie sind ein hervorragender Ballaststofflieferant und enthalten verschiedene Vitamine und Mineralstoffe.

In Deutschland, Österreich und der Schweiz sind Stachelbart-Pilze nicht so weitverbreitet wie traditionelle Speisepilze, etwa Champignons oder Shiitakepilze. Es kann schwierig sein, sie in herkömmlichen Lebensmittelgeschäften zu finden. In größeren Städten haben Sie vielleicht mehr Glück, vor allem in spezialisierten Pilzgeschäften oder auf Wochenmärkten.

Aber auch der Onlinehandel bietet eine gute Möglichkeit. Es gibt verschiedene Onlineshops und -anbieter, die eine große Auswahl an Pilzprodukten haben, darunter auch frische Stachelbart-Pilze.

Beispielbild

Würzige Portobello-Steaks

Für 2 Portionen
Zubereiten: 10 Minuten
Marinieren: 20 Minuten
Grillen: ca. 8–10 Minuten

4 Portobello-Pilze
7 Knoblauchzehen, grob zerkleinert
1 große Schalotte, geviertelt
1 ½ TL Chiliflocken
1 rote Chilischote, gehackt
3 TL Kreuzkümmelsamen, grob im Mörser zerstoßen
1 ½ TL Koriandersamen, grob im Mörser zerstoßen
1 ½ EL Tomatenmark
1 Prise Meersalz
5 EL Sonnenblumenöl

1) Die Portobello-Pilze vorsichtig putzen.

2) In einer Schüssel die Knoblauchzehen, die Schalotte, die Chiliflocken, die Chilischote, die Kreuzkümmelsamen, die Koriandersamen, das Tomatenmark, das Meersalz und das Sonnenblumenöl zu einer Marinade vermengen.

3) Die Pilze zur Marinade geben und gründlich vermengen, sodass sie gut damit bedeckt sind. Abgedeckt mindestens 20 Minuten im Kühlschrank marinieren lassen.

4) Die marinierten Portobello-Pilze auf den Grill legen und bei mittlerer Temperatur etwa 4–5 Minuten von jeder Seite grillen, bis sie zart sind und Grillmarkierungen haben.

5) Anschließend die Steaks mit der in der Schüssel verbliebenen Marinade beträufeln und servieren.

Pfifferlinge
Steinpilze
Austernpilze
Honigpilze
Edel-Reizker

Espen-Rotkappe
Kräuterseitling
Shiitake
Morchel

Gegrillte Pfifferlinge mit Knoblauch und Petersilie

Für 2 Personen
Zubereiten: 15 Minuten
Grillen: 10–15 Minuten

300 g frische Pfifferlinge
2 Knoblauchzehen, fein gehackt
2 EL Butterschmalz, zerlassen
Saft von ½ Zitrone
Salz und Pfeffer nach Geschmack
2 EL gehackte frische Petersilie

1) Die Pfifferlinge vorsichtig putzen.

2) In einer großen Schüssel den Knoblauch, das zerlassene Butterschmalz und den Zitronensaft zu einer Marinade verrühren.

3) Die Pfifferlinge zur Marinade geben und darin wenden (am besten von Hand), bis sie rundum damit überzogen sind. In eine geschlossene Edelstahlschale geben und einen Deckel auflegen.

4) Die Pilze auf dem vorgeheizten Grill bei mittlerer Temperatur 10–15 Minuten grillen. Dann vom Grill nehmen und mit Salz und Pfeffer würzen.

5) Die Pfifferlinge auf Teller verteilen und mit Petersilie bestreut servieren.

Austernpilze in Joghurtmarinade

Für 2 Personen
Zubereiten: 10 Minuten
Marinieren: 30 Minuten
Grillen: ca. 10–15 Minuten

300 g Austernpilze
120 g griechischer Joghurt
2 Knoblauchzehen, gehackt
1 EL Olivenöl + etwas mehr für die Grillschale
Saft von ½ Zitrone
1 TL gemahlener Kreuzkümmel
1 TL rosenscharfes oder edelsüßes Paprikapulver
Salz und Pfeffer nach Geschmack
gehackte frische Kräuter zum Garnieren

1) Die Pilze putzen und der Faser entlang in Stücke zupfen.

2) In einer Schüssel den griechischen Joghurt, den Knoblauch, das Olivenöl, den Zitronensaft, den Kreuzkümmel und das Paprikapulver zu einer Marinade vermengen. Mit Salz und Pfeffer würzen.

3) Die Pilze zur Marinade geben und darin wenden (am besten von Hand), bis sie rundum damit überzogen sind. Abgedeckt 30 Minuten im Kühlschrank marinieren lassen.

4) Eine Grillschale leicht mit Olivenöl einfetten und die marinierten Pilze darin gleichmäßig verteilen. Bei mittlerer Temperatur etwa 10–15 Minuten auf den Grill stellen, bis die Pilze gut geröstet sind, dabei gelegentlich wenden.

5) Danach die Pilze auf Teller verteilen, zum Garnieren mit frischen Kräutern bestreuen und servieren.

Shiitakepilze mit Zitronen-Knoblauch-Sauce

Für 2 Portionen
Zubereiten: 10 Minuten
Marinieren: 20 Minuten
Grillen: ca. 8 Minuten

300 g Shiitakepilze
Saft und Abrieb von 1 unbehandelten Zitrone + etwas mehr Saft nach Geschmack
3 Knoblauchzehen, gehackt
3 EL Sonnenblumenöl
1 ½ TL gehackter frischer Thymian
Salz und Pfeffer nach Geschmack

1) Die Shiitakepilze vorsichtig putzen und die Stiele entfernen.

2) In einer Schüssel den Zitronensaft und den -abrieb, den Knoblauch, das Sonnenblumenöl, den Thymian, Salz sowie Pfeffer zu einer Marinade vermengen.

3) Die Pilze zur Marinade geben und darin wenden (am besten von Hand), bis sie rundum damit überzogen sind. Abgedeckt mindestens 20 Minuten im Kühlschrank marinieren lassen.

4) Die marinierten Shiitakepilze auf den Grill legen und etwa 4 Minuten pro Seite grillen, bis sie eine goldene Farbe haben und zart gegart sind.

5) Nach Geschmack mit zusätzlichem Zitronensaft beträufeln und sofort servieren.

Besondere Aromen

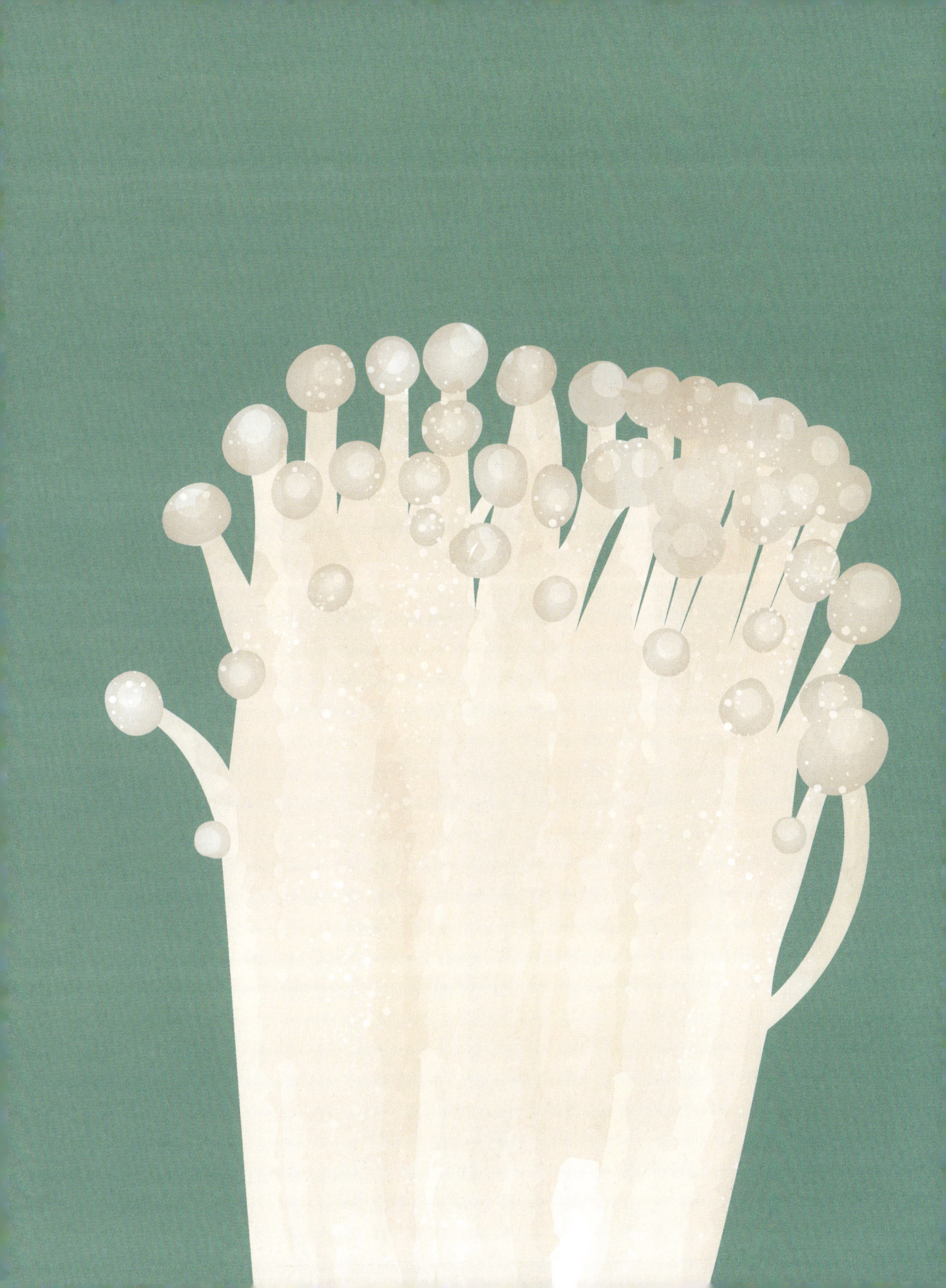

Beispielbild

Gegrillte Morcheln mit Trüffelöl und Petersilie

Für 2 Personen
Zubereiten: 15 Minuten
Einweichen: 1–2 Stunden
Grillen: ca. 6–8 Minuten

200 g frische Morcheln
2 EL neutrales Pflanzenöl
2 Knoblauchzehen, fein gehackt
1 EL fein gehackte frische Petersilie + etwas mehr zum Garnieren
frische Thymianblättchen (optional) zum Garnieren
Saft von ½ Zitrone
Salz und Pfeffer nach Geschmack
2 EL hochwertiges Trüffelöl

1) Die frischen Morcheln unter kaltem Wasser gründlich abspülen. Anschließend in lauwarmem Wasser 1–2 Stunden einweichen. Dann die Morcheln abgießen und ausdrücken. Zum weiteren Trocknen am besten in einer Salatschleuder vorsichtig schleudern. Danach auf Küchenpapier trockentupfen.

2) In einer Schüssel das Öl, den Knoblauch, die Petersilie, optional etwas Thymian und den Zitronensaft zu einer Marinade verrühren. Mit Salz und Pfeffer würzen.

3) Die Morcheln längs halbieren und zur Marinade geben. Darin wenden (am besten von Hand), bis die Pilze rundum damit überzogen sind.

4) Die marinierten Morcheln zunächst mit der Schnittseite nach unten auf den vorgeheizten Grill legen und bei mittlerer Temperatur 3–4 Minuten grillen, dann wenden und ein paar Minuten weitergrillen, bis sie zart und leicht gebräunt sind.

5) Die gegrillten Morcheln auf eine Servierplatte legen und mit dem Trüffelöl beträufeln.

6) Falls verwendet, mit Thymianblättchen sowie der zusätzlichen gehackten Petersilie garnieren und sofort servieren.

Teriyaki-Enoki-Pilze

Für 2 Portionen
Zubereiten: 10 Minuten
Marinieren: 15 Minuten
Grillen: ca. 6–8 Minuten

300 g Enoki-Pilze
1 ½ EL helle Sojasauce
1 ½ EL japanischer Sake
1 ½ TL Zucker
1 ½ EL Erdnussöl
1 Frühlingszwiebel, gehackt
helle Sesamsamen, geröstet, zum Garnieren

1) Die Enoki-Pilze gründlich putzen und die Wurzeln abschneiden.

2) In einer kleinen Schüssel die Sojasauce, den Sake, den Zucker und das Erdnussöl zu einer Marinade vermengen.

3) Die Pilze zur Marinade geben und darin wenden (am besten von Hand), bis sie rundum damit überzogen sind. Abgedeckt mindestens 15 Minuten im Kühlschrank marinieren lassen.

4) Die marinierten Enoki-Pilze auf dem vorgeheizten Grill bei mittlerer Temperatur etwa 3–4 Minuten pro Seite grillen, bis sie goldbraun und die Ränder leicht gebräunt sind.

5) Währenddessen die übrig gebliebene Marinade in einem kleinen Topf erhitzen, bis sie leicht eingedickt ist.

6) Sobald die Enoki-Pilze fertig gegrillt sind, auf einen Servierteller legen und mit der eingedickten Marinade übergießen. Zuletzt mit der Frühlingszwiebel und geröstetem Sesam garnieren und servieren.

Beispielbild

Asiatische Grillpilze mit Ingwer und Limette

Für 2 Portionen
Zubereiten: 10 Minuten
Marinieren: ca. 20 Minuten
Grillen: ca. 10 Minuten

300 g Shiitakepilze
1 ½ EL Sojasauce
Saft und abgeriebene Schale von 1 unbehandelten Limette
1 EL fein geriebener frischer Ingwer
1 ½ EL Ahornsirup oder flüssiger Honig
1 TL Sesamöl
Salz und Pfeffer nach Geschmack
frische Korianderblätter zum Garnieren
Sesamsamen zum Garnieren

1) Die Shiitakepilze putzen und in mundgerechte Stücke schneiden.

2) In einer Schüssel die Sojasauce, Limettensaft und -schale, den Ingwer, den Ahornsirup bzw. den Honig, das Sesamöl, Salz sowie Pfeffer zu einer Marinade vermengen.

3) Die Pilze zur Marinade geben und darin wenden (am besten von Hand), bis sie rundum damit überzogen sind. Abgedeckt etwa 20 Minuten im Kühlschrank marinieren lassen.

4) Die marinierten Pilze auf den Grill legen und etwa 5 Minuten pro Seite grillen, bis sie zart und leicht gebräunt sind.

5) Die Pilze zum Garnieren mit frischem Koriander und Sesamsamen bestreuen und sofort servieren.

Lebens
von

zyklus
Pilzen

Scharfe Gochujang-Champignons

Für 2 Portionen
Zubereiten: 10 Minuten
Marinieren: 15 Minuten
Grillen: ca. 10–14 Minuten

300 g Champignons
3 EL Gochujangpaste (scharfe koreanische Chilipaste)
3 EL Sojasauce
1 ½ EL flüssiger Honig oder Ahornsirup
3 Knoblauchzehen, gehackt
1 ½ TL geriebener frischer Ingwer
Saft von 1 großen Limette
1 ½ EL Sesamöl
1 frische Chilischote (optional, für mehr Schärfe), gehackt
frische Kräuter oder Frühlingszwiebeln, fein geschnitten, zum Garnieren

1) Die Champignons gründlich putzen und die Stiele entfernen.

2) In einer Schüssel die Gochujangpaste, die Sojasauce, den Honig oder Ahornsirup, den Knoblauch, den Ingwer, den Limettensaft und das Sesamöl zu einer Marinade vermengen. Für Extraschärfe optional die gehackte Chilischote hinzufügen.

3) Die Pilze zur Marinade geben und darin wenden (am besten von Hand), bis sie rundum damit überzogen sind. Abgedeckt 15 Minuten im Kühlschrank marinieren lassen.

4) Die Champignons auf dem vorgeheizten Grill bei mittlerer Temperatur 5–7 Minuten pro Seite grillen, bis sie zart und leicht kross sind. Während des Grillens die restliche Marinade auf die Champignons auftragen, um den Geschmack zu intensivieren.

5) Sobald die Champignons schön gegrillt und zart sind, vom Grill nehmen. Mit frischen Kräutern oder Frühlingszwiebeln garnieren und sofort servieren.

Miso-glasierte Pilze

Für 2 Portionen
Zubereiten: 10 Minuten
Marinieren: 20–30 Minuten
Grillen: ca. 4–6 Minuten

300 g Champignons
240 ml heiße Gemüsebrühe
2 ½ EL helle Misopaste
1 ½ EL Ahornsirup
2 EL Sojasauce
2 TL Nori-Flakes
2 TL Butter (optional)
gehackte frische Petersilie zum Garnieren

1) Die Champignons vorsichtig putzen und in dicke Scheiben schneiden.

2) In einer Schüssel die heiße Gemüsebrühe, die Misopaste, den Ahornsirup, die Sojasauce, die Nori-Flakes und optional die Butter zu einer Marinade vermengen.

3) Die Pilzscheiben zur Marinade geben und darin wenden (am besten von Hand), bis sie rundum damit überzogen sind. Abgedeckt mindestens 20–30 Minuten im Kühlschrank marinieren lassen.

4) Die marinierten Pilze auf den Grill legen und bei mittlerer bis hoher Temperatur etwa 2–3 Minuten pro Seite grillen, bis sie leicht karamellisiert und gegrillt sind. Während des Grillens die restliche Marinade regelmäßig auf die Pilze auftragen, bis die Glasur die Pilze dick ummantelt.

5) Die Pilz-Medaillons vom Grill nehmen, mit gehackter Petersilie garnieren und sofort servieren.

Grillpilze mit Miso-Butter und Sesamöl

Für 1–2 Portionen
Zubereiten: 10 Minuten
Grillen: ca. 15 Minuten

300 g Champignons
1 ½ EL helle Misopaste
2 EL Butterschmalz
2 Knoblauchzehe, sehr fein gehackt
1 TL Sesamöl

1) Die Pilze vorsichtig putzen und in eine geschlossene Edelstahl-Grillschale geben.

2) Die Misopaste in etwas Wasser glatt rühren. Die flüssige Paste mit dem Butterschmalz und dem Knoblauch verrühren. Die Mischung gleichmäßig über die Pilze verteilen.

3) Die Grillschale auf den vorgeheizten Grill stellen und die Pilze bei mittlerer Temperatur unter gelegentlichem Rühren etwa 15 Minuten garen, bis sie rundum gebräunt sind.

4) Die gegrillten Pilze auf Teller verteilen, mit ein paar Spritzern Sesamöl toppen und sofort servieren.

Harissa-Portobello-Steaks mit Gurken-Minz-Dip

Für 2 Portionen
Zubereiten: 15 Minuten
Marinieren: 1 Stunde
Grillen: 8–10 Minuten

Für die marinierten Pilze
6 Portobello-Pilze
9 EL extra natives Olivenöl
Saft von 1 Zitrone
6 EL Rosen-Harissa
1 TL Ahornsirup

Für den Gurken-Minz-Dip
1 Salatgurke
240 g griechischer Joghurt oder Skyr
2 EL gehackte frische Minze
Saft von 1 Zitrone
2 Knoblauchzehen (optional), fein gehackt
1 TL Meersalz
1 Prise Pfeffer
2 EL extra natives Olivenöl (optional)

1) Für die marinierten Pilze die Portobellos vorsichtig putzen.

2) In einer großen Schüssel das Olivenöl, den Zitronensaft, das Harissa und den Ahornsirup zu einer Marinade vermengen.

3) Die Pilze zur Marinade geben und darin wenden (am besten von Hand), bis sie rundum damit überzogen sind. Abgedeckt 1 Stunde im Kühlschrank marinieren lassen.

4) Für den Gurken-Minz-Dip die Salatgurke reiben und in ein feines Sieb über einer Schüssel geben. So viel Feuchtigkeit wie möglich ausdrücken, anschließend in eine große Schüssel umfüllen. Die übrigen Zutaten (außer dem optionalen Olivenöl) für den Dip hinzufügen und gründlich vermengen. Nach Geschmack mit dem Olivenöl beträufeln.

5) Die marinierten Pilze auf den Grillrost legen und bei mittlerer bis hoher Temperatur 8–10 Minuten von beiden Seiten grillen, bis sie zart sind. In dieser Zeit mehrmals wenden.

6) Die gegrillten Portobello-Pilze mit dem Gurken-Minz-Dip servieren. Dazu passt frisches Fladenbrot.

Grillpilze mit Granatapfel und Sumach auf Hummus

Für 2 Portionen
Zubereiten: 15 Minuten
Marinieren: 30 Minuten
Grillen: ca. 10 Minuten

Für den Hummus
1 Dose Kichererbsen (400 g), abgetropft
3 EL Tahini (Sesampaste)
2 Knoblauchzehen, gehackt
Saft von 1 Zitrone + etwas mehr nach Geschmack
3 EL Olivenöl
1 TL gemahlener Kreuzkümmel + etwas mehr nach Geschmack
Salz und Pfeffer nach Geschmack

Für die Grillpilze
300 g kleine Pilze (z. B. Shiitake, Champignons)
1 ½ EL Sonnenblumenöl
Saft von 1 Zitrone
1 TL Sumach
1 Knoblauchzehe, fein gehackt
Salz und Pfeffer nach Geschmack

Zum Garnieren
1 ½ EL Granatapfelkerne
frische Petersilienblätter

1) Für den Hummus die abgetropften Kichererbsen in einen Mixer geben. Das Tahini, den Knoblauch, den Zitronensaft, das Olivenöl, den Kreuzkümmel, Salz und Pfeffer hinzufügen. Mixen, bis eine cremige Konsistenz erreicht ist, nach Bedarf 2–3 EL Wasser untermixen. Zuletzt den Hummus mit mehr Zitronensaft, Salz und Kreuzkümmel nach Geschmack abschmecken.

2) Für die Grillpilze die Pilze putzen und in mundgerechte Stücke schneiden.

3) In einer Schüssel das Sonnenblumenöl, den Zitronensaft, das Sumach, den Knoblauch, Salz und Pfeffer zu einer Marinade vermengen.

4) Die Pilze zur Marinade geben und darin wenden (am besten von Hand), bis sie rundum damit überzogen sind. Abgedeckt 30 Minuten im Kühlschrank marinieren lassen.

5) Die marinierten Pilze auf den Grill legen und etwa 5 Minuten pro Seite grillen, bis sie zart gegart und leicht gebräunt sind.

6) Den Hummus auf zwei Teller verteilen und die Grillpilze darauf anrichten. Mit Granatapfelkernen und frischer Petersilie garnieren und sofort servieren.

Beispielbild

Indische Pilzsteaks mit Naan-Brot

Für 2 Personen
Zubereiten: 25 Minuten
Marinieren: 30 Minuten (bis zu 24 Stunden)
Teiggehen: 1 Stunde
Grillen: ca. 4–6 Minuten

Für die Naan-Brote
½ TL Trockenhefe
½ TL Zucker
200 g Weizenmehl Type 550 + etwas mehr nach Bedarf und zum Arbeiten
¼ TL Salz
¼ TL Backpulver
2 EL Joghurt
2 EL Milch
4 EL Pflanzenöl zum Bestreichen

Für die Pilzsteaks
1 ½ EL Kichererbsenmehl
300 g Kräuterseitlinge
150 g Naturjoghurt
1 ½ EL Achaar Masala
1 TL gemahlene Kurkuma
1 TL gemahlener Koriander
1 TL Garam Masala
1 ½ TL Salz
3 Knoblauchzehen, abgezogen
4 ½ EL Sonnenblumenöl

1) Für die Naan-Brote die Trockenhefe und den Zucker in 2 EL lauwarmem Wasser auflösen. Die Mischung etwa 5 Minuten ruhen lassen, bis sie schäumt.

2) In einer großen Schüssel das Mehl, das Salz und das Backpulver vermengen. Den Joghurt sowie die Hefe-Zucker-Mischung hinzugeben und die Zutaten verkneten. Dann auf einer bemehlten Arbeitsfläche etwa 5–7 Minuten weiterkneten, bis der Teig glatt und elastisch ist.

3) Den Teig in einer Schüssel abgedeckt an einem warmen Ort etwa 1 Stunde gehen lassen, bis er sein Volumen etwa verdoppelt hat.

4) Für die Pilzsteaks das Kichererbsenmehl in einer Pfanne ohne Fettzugabe etwa 1 Minute anrösten, bis es nussig duftet.

5) Die Kräuterseitlinge gründlich mit einem trockenen Küchentuch abputzen. Die Pilze der Länge nach in 1–1,5 cm dicke Scheiben schneiden.

6) Für eine Marinade den Joghurt, Achaar Masala, geröstetes Kichererbsenmehl, Kurkuma, Koriandersamen, Garam Masala und Salz in eine Schüssel geben. Den Knoblauch zu den anderen Zutaten pressen. Alles vermengen. Das Sonnenblumenöl in einem kleinen Topf kräftig erhitzen, bis es zu rauchen beginnt. Das heiße Öl vorsichtig zur Joghurtmischung gießen und unterrühren. Dadurch werden die Zutaten temperiert und bekommen gleichzeitig eine schöne Farbe.

7) Die Pilzscheiben von beiden Seiten mit der Joghurtmarinade bestreichen. Abgedeckt 30 Minuten (bis zu 24 Stunden) im Kühlschrank marinieren lassen.

8) Den aufgegangenen Teig in vier gleich große Stücke teilen und zu Kugeln formen. Jede Teigkugel zu einem dünnen Oval ausrollen (20 cm lang und 10 cm breit) und mit Pflanzenöl bestreichen.

9) Die Teiglinge auf dem vorgeheizten Grill bei mittlerer Temperatur etwa 2–3 Minuten pro Seite grillen, bis sie leicht aufgebläht und goldbraun sind. Anschließend vom Grill nehmen. Dann die marinierten Pilze auf dem vorgeheizten Grill bei mittlerer bis hoher Temperatur etwa 2–3 Minuten pro Seite grillen, bis sie gut geröstet und zart gegart sind.

10) Die gegrillten Pilze mit den Naan-Broten servieren.

Spießig

Champignons mit Balsamico-Glasur

Für 2 Personen
Zubereiten: 10 Minuten
Marinieren: ca. 15 Minuten
Grillen: ca. 10–12 Minuten

300 g Champignons
Holzspieße, gewässert
3 EL Olivenöl
3 EL Balsamico
1 große Knoblauchzehe, gehackt
1 ½ TL getrockneter Thymian
Salz und Pfeffer nach Geschmack

1) Die Champignons gründlich reinigen und auf Holzspieße stecken.

2) In einer Schüssel das Olivenöl, den Balsamico, den Knoblauch, den Thymian, Salz und Pfeffer zu einer Marinade vermengen.

3) Die Champignon-Spieße mit der Marinade bestreichen und etwa 15 Minuten marinieren lassen.

4) Die Champignon-Spieße auf dem vorgeheizten Grill bei mittlerer Temperatur etwa 10–12 Minuten grillen, dabei gelegentlich wenden und mit der restlichen Marinade bestreichen.

5) Die Champignon-Spieße vom Grill nehmen und sofort servieren.

Pilzfackeln

Für 2 Portionen
Zubereiten: 10 Minuten
Grillen: ca. 12–17 Minuten

300 g Champignons
3 TL edelsüßes Paprikapulver
1 ½ TL rosenscharfes Paprikapulver
1 ½ TL Knoblauchpulver
1 ½ TL Zwiebelpulver
1 ½ TL getrockneter Rosmarin
1 ½ TL gemahlener Kreuzkümmel
3 TL brauner Zucker
1 TL Salz
1 TL Pfeffer
Holzspieße, gewässert

1) Die Pilze putzen und in schmale, nicht zu dünne Scheiben schneiden.

2) In einer Schüssel beide Sorten Paprikapulver, das Knoblauchpulver, das Zwiebelpulver, den Rosmarin, den Kreuzkümmel, den Zucker, das Salz und den Pfeffer gründlich zu einer Marinade vermischen.

3) Die Pilzscheiben in eine große Schüssel geben. Ein wenig Wasser hinzugießen und mit den Pilzen vermengen. Die Gewürzmarinade zufügen und die Pilze darin wenden (am besten von Hand), bis sie rundum damit überzogen sind.

4) Die marinierten Pilze auf die gewässerten Holzspieße stecken.

5) Die Pilzfackeln auf den vorgeheizten Grill legen und bei indirekter Temperatur etwa 10–15 Minuten grillen, dabei gelegentlich wenden, bis sie rundum gegrillt sind und eine leicht rauchige Note angenommen haben. Anschließend die Fackeln kurz über direkter Temperatur grillen, um eine krosse Textur zu erreichen.

6) Dann die gegrillten Pilzfackeln sofort servieren.

Grillpilze à la Grillhendl

Für 2–3 Personen
Zubereiten: 10 Minuten
Marinieren: 30 Minuten
Grillen: 10–15 Minuten

Für die Biermarinade
200 ml Bier (beliebige Sorte)
2 EL Olivenöl
2 Knoblauchzehen, gehackt
1 TL Paprikapulver
1 TL getrockneter Thymian
Salz und Pfeffer nach Geschmack

Für die gegrillten Pilze
400 g Austernpilze
1 Zwiebel, in Ringe geschnitten

Außerdem
frische Petersilienblätter oder Schnittlauchröllchen zum Garnieren
Holzspieße, gewässert

1) Für die Biermarinade in einer Schüssel das Bier, das Olivenöl, den gehackten Knoblauch, das Paprikapulver, den getrockneten Thymian, Salz und Pfeffer gründlich vermengen.

2) Für die gegrillten Pilze die Austernpilze säubern und in mundgerechte Stücke zupfen. Mit den Zwiebelringen zur Marinade geben und darin wenden (am besten von Hand), bis alles rundum damit überzogen ist. Abgedeckt 30 Minuten im Kühlschrank marinieren lassen.

3) Die Austernpilzspieße und die Zwiebelringe auf dem vorgeheizten Grill bei mittlerer bis hoher Temperatur 10–15 Minuten grillen, dabei gelegentlich wenden und mit der restlichen Marinade bestreichen. Die Pilze sind fertig, wenn sie weich und leicht gebräunt sind.

4) Die gegrillten Austernpilze und die Zwiebelringe auf einem Teller anrichten. Mit frischer Petersilie oder Schnittlauch garnieren und servieren.

Pilz-Schaschlik

Für 2 Portionen
Zubereiten: 20 Minuten
Marinieren: 30 Minuten (oder bis zu 2 Stunden)
Grillen: ca. 10–14 Minuten

300 g große Champignons oder Portobello-Pilze
2 rote Paprikaschoten
1 gelbe Paprikaschote
1 große Zwiebel, abgezogen
4 ½ EL Olivenöl
1 EL Sojasauce
3 EL Weißweinessig
1 TL edelsüßes Paprikapulver
1 TL rosenscharfes Paprikapulver
Salz und Pfeffer nach Geschmack
300 g Cherrytomaten
Holzspieße, gewässert

1) Die Pilze putzen und die Stiele entfernen. Die Paprikaschoten jeweils von Stiel und Kerngehäuse befreien. Zwiebel, Paprikaschoten und große Pilze in gleich große Stücke schneiden.

2) In einer Schüssel das Olivenöl, die Sojasauce, den Essig, beide Paprikapulver, Salz und Pfeffer zu einer Marinade vermischen.

3) Die vorbereiteten Pilz-, Paprika- und Zwiebelstücke sowie die Cherrytomaten in die Marinade geben und darin wenden (am besten von Hand), bis sie rundum damit überzogen sind. Abgedeckt mindestens 30 Minuten (oder bis 2 Stunden) im Kühlschrank marinieren lassen.

4) Anschließend die marinierten Pilz-, Paprika- und Zwiebelstücke abwechselnd auf die gewässerten Holzspieße stecken.

5) Die Schaschlik-Spieße auf dem vorgeheizten Grill bei mittlerer Temperatur etwa 5–7 Minuten pro Seite grillen, bis das Gemüse weich und leicht gebräunt ist.

6) Die Spieße vom Grill nehmen und heiß servieren.

Umami-Austernpilzspieße

Für 1–2 Portionen
Zubereiten: 15 Minuten
Marinieren: 30 Minuten
Grillen: 10 Minuten

1 ½ TL Koriandersamen
90 ml Tamari (japanische Sojasauce)
90 ml Agavendicksaft
2 EL Rapsöl
1 große Knoblauchzehe, abgezogen
300 g Austernpilze
Holzspieße, gewässert

1) Die Koriandersamen in einer Pfanne bei niedriger Temperatur anrösten, bis sie duften.

2) Die Sojasauce, den Agavendicksaft und das Rapsöl in einer Schüssel zu einer Marinade vermengen. Den Knoblauch in die Marinade reiben. Die gerösteten Koriandersamen hinzufügen und die Marinade durchmischen.

3) Die Austernpilze putzen und die Stiele abtrennen. Die Pilze zur Marinade geben und darin wenden (am besten von Hand), bis sie rundum damit überzogen sind, nach Bedarf etwas Wasser hinzufügen. Größere Pilze in kleinere Stücke zupfen. Die Pilze abgedeckt 30 Minuten im Kühlschrank marinieren lassen.

4) Die marinierten Pilze auf die Spieße stecken. Die Pilze dabei zusammenfalten, um später mehr Biss und Textur zu erhalten.

5) Die übrig gebliebene Marinade durch ein Sieb in einen kleinen Topf seihen und bei mittlerer Temperatur sirupartig einkochen. Zum Testen der idealen Konsistenz etwas Sauce auf einen Teller geben und abkühlen lassen. Wenn die Sauce nicht zerfließt, ist sie fertig.

6) Die Pilzspieße auf dem vorgeheizten Grill bei mittlerer Temperatur etwa 10 Minuten grillen, bis die Pilze goldbraun und karamellisiert sind, dabei die Spieße regelmäßig wenden.

7) Die fertigen Spieße auf einen Teller legen, mit der reduzierten Marinadensauce beträufeln und servieren.

Rauchige Pilzspieße

Für 2 Portionen
Zubereiten: 20 Minuten
Marinieren: 30 Minuten
Grillen: ca. 10–12 Minuten

300 g Portobello-Pilze
3 EL Olivenöl
3 EL Sojasauce
1 TL geräuchertes Paprikapulver
1 ½ TL edelsüßes Paprikapulver
1 ½ TL gemahlener Kreuzkümmel
3 Knoblauchzehen, fein gehackt
Salz und Pfeffer nach Geschmack
2 rote Paprikaschoten, in mundgerechte Stücke geschnitten
1 große Zwiebel, in mundgerechte Stücke geschnitten
Holzspieße, gewässert

1) Die Pilze vorsichtig putzen und in mundgerechte Stücke schneiden.

2) In einer Schüssel das Olivenöl, die Sojasauce, die beiden Paprikapulver, den Kreuzkümmel, den Knoblauch, Salz und Pfeffer zu einer Marinade vermengen.

3) Die vorbereiteten Pilze, die Paprika- und die Zwiebelwürfel zur Marinade geben und darin wenden (am besten von Hand), bis das Gemüse rundum damit überzogen ist. Abgedeckt 30 Minuten im Kühlschrank marinieren lassen.

4) Anschließend die marinierten Pilze, Paprika- und Zwiebelstücke abwechselnd auf die Holzspieße stecken.

5) Die Pilzspieße auf dem vorgeheizten Grill bei mittlerer Temperatur etwa 10–12 Minuten grillen, dabei mehrmals wenden und mit der restlichen Marinade bestreichen.

6) Die Pilzspieße vom Grill nehmen, mit Pfeffer bestreuen und servieren.

Teriyaki-Pilz-Spieße

Für 2 Personen
Zubereiten: 10 Minuten
Marinieren: 15–30 Minuten
Grillen: ca. 4–6 Minuten

300 g große Pilze (z. B. Portobello-Pilze, Kräuterseitlinge)
4 ½ EL Teriyaki-Sauce
3 EL Sojasauce
3 TL flüssiger Honig oder Ahornsirup
1 große Knoblauchzehe, gehackt
1 gehäuf. TL geriebener frischer Ingwer
2 EL Sesamöl
Holzspieße, gewässert

1) Die Pilze putzen und nach Belieben ganz lassen, vierteln oder halbieren.

2) In einer Schüssel die Teriyaki-Sauce, die Sojasauce, den Honig oder Ahornsirup, den Knoblauch, den Ingwer und das Sesamöl zu einer Marinade vermengen.

3) Die Pilze zur Marinade geben und darin wenden (am besten von Hand), bis sie rundum damit überzogen sind. Abgedeckt 15–30 Minuten im Kühlschrank marinieren lassen.

4) Anschließend die marinierten Pilze auf die Holzspieße stecken.

5) Die Pilzspieße auf dem vorgeheizten Grill bei mittlerer bis hoher Temperatur etwa 2–3 Minuten pro Seite grillen, bis sie schöne Grillstreifen haben und durchgegart sind.

6) Dann die Spieße vom Grill nehmen und sofort servieren.

Pilz-Halloumi-Spieße

Für 2 Personen
Zubereiten: 10 Minuten
Grillen: 10–15 Minuten

Für die Marinade
3 EL Olivenöl
1 EL Zitronensaft
2 Knoblauchzehen, gehackt
1 TL gehackter frischer Rosmarin (optional)
Salz und Pfeffer nach Geschmack

Für die Spieße
200 g Pilze (z. B. Champignons, Kräuterseitlinge)
200 g Halloumi, in 2 cm große Würfel geschnitten
1 rote Paprikaschote, in 2 cm große Stücke geschnitten
6 Cherrytomaten
Holzspieße, gewässert

Außerdem
Sriracha-Sauce zum Beträufeln
Mayonnaise zum Beträufeln

1) Für die Marinade in einer kleinen Schüssel das Olivenöl, den Zitronensaft, den Knoblauch und optional den Rosmarin verrühren. Mit Salz und Pfeffer würzen.

2) Für die Spieße die Pilze putzen und in 2 cm breite Stücke schneiden. Abwechselnd die Pilze, den Halloumi, die Paprikastücke und die Cherrytomaten auf die Holzspieße stecken.

3) Die Spieße großzügig rundum mit der vorbereiteten Marinade bestreichen.

4) Die marinierten Spieße auf dem vorgeheizten Grill bei mittlerer Temperatur 10–15 Minuten grillen, dabei regelmäßig drehen.

5) Die fertigen Spieße vom Grill nehmen, mit Sriracha-Sauce und Mayonnaise beträufeln und noch warm servieren.

Sate Jamur (Indonesische Pilzspieße mit Erdnusssauce)

Für 2 Portionen
Zubereiten: 15 Minuten
Grillen: ca. 8–10 Minuten

Für die Pilzspieße
300 g Champignons
2 rote Paprikaschoten
1 große rote Zwiebel, in mundgerechte Stücke geschnitten
Holzspieße, gewässert

Für die Satay-Sauce
3 EL Erdnussbutter
3 EL Sojasauce
1 ½ EL Limettensaft
1 ½ EL flüssiger Honig oder Agavendicksaft
1 große Knoblauchzehe, gehackt
1 ½ TL geriebener frischer Ingwer
1 ½ TL Currypulver
1 TL Chilipulver (optional)
Salz und Pfeffer nach Geschmack

Außerdem
gehackter frischer Koriander oder ungesalzene geröstete Erdnusskerne zum Garnieren (optional)

1) Für die Pilzspieße die Champignons putzen und in etwa 1,5 cm dicke Scheiben schneiden. Die Paprikaschoten von Stiel und Kerngehäuse befreien und in mundgerechte Stücke schneiden.

2) Die Champignon-, Zwiebel- und Paprikastücke abwechselnd auf die gewässerten Holzspieße stecken, bis alle aufgebraucht sind.

3) Für die Satay-Sauce alle Zutaten in einer Schüssel gründlich vermengen. Wenn die Sauce sehr dick ist, nach Bedarf etwas Wasser hinzufügen, bis sie eine cremige Konsistenz angenommen hat.

4) Die vorbereiteten Pilzspieße auf dem vorgeheizten Grill bei mittlerer Temperatur etwa 8–10 Minuten grillen, dabei gelegentlich wenden, bis die Champignons zart sind und eine leichte Grillmarkierung aufweisen.

5) Während die Spieße gegrillt werden, die Satay-Sauce in einem kleinen Topf unter Rühren erhitzen.

6) Die gegrillten Pilzspieße auf einem Teller anrichten und die Satay-Sauce darübergießen oder als Dip servieren. Optional die Spieße mit gehacktem Koriander oder gerösteten Erdnüssen garnieren.

Beispielbild

Birne-Salbei-Pilz-Spieße

Für 2 Personen
Zubereiten: 15 Minuten
Grillen: ca. 8–10 Minuten

300 g kleine braune Champignons
1 große reife Birne
ca. 12 frische Salbeiblätter + etwas mehr zum Garnieren
Holzspieße, gewässert
Olivenöl zum Einpinseln
Salz und Pfeffer nach Geschmack

1) Die Champignons vorsichtig putzen. Die Birne waschen, entkernen und in mundgerechte Stücke schneiden.

2) Die vorbereiteten Pilze, Birnenstücke und Salbeiblätter abwechselnd auf die gewässerten Holzspieße stecken, bis die Spieße gut gefüllt sind.

3) Die aufgespießten Zutaten leicht mit Olivenöl einpinseln und mit Salz und Pfeffer würzen.

4) Die Spieße auf dem vorgeheizten Grill bei mittlerer Temperatur etwa 8–10 Minuten grillen, währenddessen mehrfach wenden. Sobald die Pilze zart und die Birnen leicht karamellisiert sind, sind die Spieße fertig.

5) Die Grillspieße auf einem Servierteller anrichten, nach Belieben mit zusätzlichen Salbeiblättern garnieren und servieren.

Hack & Co

Pilz-Köfte

Für 2 Personen
Zubereiten: 30 Minuten
Grillen: ca. 8–10 Minuten

300 g Pilze (z. B. Champignons, Kräuterseitlinge)
3 EL Olivenöl
1 Zwiebel, fein gehackt
2 Knoblauchzehen, fein gehackt
1 ½ TL edelsüßes Paprikapulver
1 ½ TL rosenscharfes Paprikapulver (optional, für mehr Schärfe)
1 ½ TL gemahlener Kreuzkümmel
Salz und Pfeffer nach Geschmack
3 EL Semmelbrösel + etwas mehr nach Bedarf
gehackte frische Kräuter (z. B. Petersilie, Koriander)
Zitronenspalten zum Servieren

1) Die Pilze putzen und fein hacken.

2) Das Olivenöl in einer Pfanne erhitzen und die gehackte Zwiebel darin anschwitzen, bis sie weich wird. Dann den Knoblauch hinzufügen und kurz anbraten, bis er duftet.

3) Die gehackten Pilze in der Pfanne 10–15 Minuten anbraten, bis sie weich sind und die meiste Flüssigkeit verdampft ist.

4) Anschließend Kreuzkümmel, Paprikapulver, gemahlenen Kreuzkümmel sowie Salz und Pfeffer hinzufügen. Alles gut vermengen und weitere 2–3 Minuten braten, damit die Gewürze ihr Aroma entfalten können. Die Pilzmischung danach vom Herd nehmen und abkühlen lassen.

5) Die abgekühlte Pilzmischung mit den Semmelbröseln und den gehackten frischen Kräutern vermengen. Die Masse sollte sich gut formen lassen. Falls sie zu feucht ist, etwas mehr Semmelbrösel nach Bedarf zufügen.

6) Die Pilz-Köfte-Mischung zu kurzen Strängen formen und auf dem vorgeheizten Grill bei mittlerer bis hoher Temperatur 4–5 Minuten pro Seite grillen, bis sie goldbraun und durchgegart sind.

7) Die gegrillten Pilz-Köfte mit Zitronenspalten servieren.

Pilz-Cevapcici

Für 2 Personen
Zubereiten: 30 Minuten
Grillen: ca. 10 Minuten

Für das Aivar
2 rote Paprikaschoten
2 EL Tomatenmark
1 Knoblauchzehe, gehackt
2 EL Olivenöl
1 TL scharfes oder mildes Paprikapulver
Salz und Pfeffer nach Geschmack

Für die Pilz-Cevapcici
250 g Champignons
1 Zwiebel, fein gehackt
2 Knoblauchzehen, gehackt
1 EL Olivenöl
100 g Semmelbrösel
1 TL mildes oder scharfes Paprikapulver
1 TL gemahlener Kreuzkümmel
1 TL getrockneter Oregano
Salz und Pfeffer nach Geschmack

Außerdem
Fladenbrot oder Pitabrötchen für 2 Personen
Zwiebelringe zum Belegen
Tomatenscheiben zum Belegen
Paprikastreifen zum Belegen
frische Koriander- oder Petersilienblätter zum Garnieren

1) Für das Aivar die Paprikaschoten auf dem vorgeheizten Grill bei hoher Temperatur rösten, bis die Haut schwarz ist und Blasen wirft. Die Schoten in eine Frischhaltedose geben, verschließen und etwas abkühlen lassen. Anschließend die Haut von den Schoten abziehen.

2) Die gehäuteten Paprikaschoten (ohne Stiele), das Tomatenmark, den Knoblauch, das Olivenöl und das Paprikapulver in ein hohes Gefäß geben und glatt pürieren. Die Paste mit Salz und Pfeffer abschmecken.

3) Für die Cevapcici die Pilze putzen und fein hacken. Die Zwiebel und den Knoblauch in einer Pfanne in 1 EL Olivenöl anbraten, bis die Flüssigkeit aus den Pilzen verdampft ist und sie leicht gebräunt sind. Dann die Pfanne vom Herd nehmen und die Mischung abkühlen lassen.

4) Anschließend in einer großen Schüssel die Pilzmischung, die Semmelbrösel, das Paprikapulver, den Kreuzkümmel, das Oregano, Salz und Pfeffer vermengen. Die Mischung sollte gut zusammenhalten. Daraus kurze Cevapcici-Stränge formen.

5) Die Pilz-Cevapcici auf dem vorgeheizten Grill bei mittlerer Temperatur etwa 3–4 Minuten pro Seite grillen, bis sie goldbraun und durchgegart sind.

6) Die Pilz-Cevapcici auf Fladenbrot oder in Pitabrötchen geben, mit dem Aivar, Zwiebelringen, Tomatenscheiben und Paprikaringen belegen. Mit frischem Koriander oder Petersilie garnieren und servieren.

Griechische Pilz-Walnuss-Bifteki mit Feta

Für 2 Personen
Zubereiten: 30 Minuten
Grillen: ca. 8–10 Minuten

250 g Champignons
100 g Walnusskerne, gehackt
1 Zwiebel, fein gewürfelt
2 Knoblauchzehen, gehackt
2 EL Olivenöl
1 TL getrockneter Oregano
Salz und Pfeffer nach Geschmack
100 g Feta

1) Die Pilze putzen und grob hacken. Die Pilze, die Walnusskerne, die Zwiebel und den Knoblauch in einer Pfanne in dem Olivenöl anbraten, bis die Flüssigkeit aus den Pilzen verdampft und sie leicht gebräunt sind.

2) Den getrockneten Oregano hinzufügen und die Mischung mit Salz und Pfeffer würzen. Dann die Pfanne vom Herd nehmen und die Masse abkühlen lassen.

3) Anschließend die Masse in eine Küchenmaschine umfüllen und zu einer groben Paste verarbeiten. Die Paste vierteln oder halbieren und flach zu Pattys drücken. Den Feta in kleine Würfel schneiden. In die Mitte jedes Pattys etwas Feta geben, die Walnuss-Pilz-Paste um den Feta legen und zu einem Patty formen.

4) Die Bifteki-Pattys auf dem vorgeheizten Grill bei mittlerer Temperatur etwa 4–5 Minuten pro Seite grillen, bis sie eine schöne Grillmarkierung haben.

5) Dann die Pattys vom Herd nehmen und sofort servieren. Hierzu passt zum Beispiel Zaziki (Seite 147).

Beispielbild

Pilz-Shawarma

Für 2 Personen
Zubereiten: 30 Minuten
Teiggehen: ca. 1 Stunde
Marinieren: 15–20 Minuten
Grillen: ca. 6–8 Minuten

Für die Pitabrote
1 TL Trockenhefe
1 TL Zucker
250 g Weizenmehl Type 550 + etwas mehr zum Arbeiten
1 TL Salz
2 EL Olivenöl + etwas mehr für die Schüssel

Für die Pilze
300 g Austernpilze und Champignons
3 EL Olivenöl
3 TL Shawarma-Gewürzmischung (Rezept siehe Seite 98)
1 Knoblauchzehe, gehackt
1 ½ TL Zitronensaft
Salz und Pfeffer nach Geschmack

1) Für die Pitabrote die Trockenhefe und den Zucker in 150 ml lauwarmem Wasser auflösen. Die Mischung etwa 5 Minuten ruhen lassen, bis sie schäumt.

2) In einer großen Schüssel das Mehl und das Salz vermengen. Das Olivenöl sowie die Hefe-Zucker-Mischung hinzugeben und die Zutaten verkneten. Dann auf einer bemehlten Arbeitsfläche etwa 5–7 Minuten weiterkneten, bis der Teig glatt und elastisch ist.

3) Den Teig in einer leicht eingeölten Schüssel abgedeckt an einem warmen Ort etwa 1 Stunde gehen lassen, bis er sein Volumen etwa verdoppelt hat.

4) Für die Pilze die Austernpilze putzen und der Faser entlang in Streifen zupfen. Die Champignons putzen und in Scheiben schneiden.

5) In einer Schüssel das Olivenöl, die Shawarma-Gewürzmischung, den Knoblauch, den Zitronensaft, Salz und Pfeffer zu einer Marinade vermengen.

6) Die Pilze zur Marinade geben und darin wenden (am besten von Hand), bis sie rundum damit überzogen sind. Abgedeckt 15–20 Minuten im Kühlschrank marinieren lassen.

Für den Joghurt-Minz-Dip
150 g griechischer Joghurt
1 Knoblauchzehe, gehackt oder gepresst
1 EL frischer Zitronensaft
1 EL Olivenöl
1 TL gehackte frische Minze (optional)
Salz und Pfeffer nach Geschmack

Außerdem
2 Tomaten, in Scheiben geschnitten
½ Salatgurke, in Scheiben geschnitten

7) Für den Joghurt-Minz-Dip in einer Schüssel den Joghurt, den Knoblauch, den Zitronensaft und das Olivenöl verrühren. Optional gehackte frische Minze untermengen. Den Dip mit Salz und Pfeffer abschmecken.

8) Den aufgegangenen Teig in vier gleich große Stücke teilen und zu Kugeln formen. Jede Teigkugel auf einer leicht bemehlten Arbeitsfläche zu einem dünnen Fladen (etwa 15 cm Durchmesser) ausrollen.

9) Die Teiglinge auf dem vorgeheizten Grill bei mittlerer Temperatur etwa 2–3 Minuten pro Seite grillen, bis sie leicht aufgebläht und goldbraun sind. Dann vom Grill nehmen.

10) Die Pilze in faltbare, engmaschige Grillgitter einklemmen und auf dem vorgeheizten Grill bei mittlerer bis hoher Temperatur etwa 3–4 Minuten pro Seite grillen, bis sie schön kross sind.

11) Die Pitabrote mit dem Dip bestreichen sowie den Tomaten- und Gurkenscheiben belegen. Die Pilze darauflegen und alles mit Kräutern garniert servieren. Auch der Hummus von Seite 62 schmeckt zum Shawarma.

Shawarma-Gewürzmischung

2 TL gemahlener Kreuzkümmel
2 TL edelsüßes Paprikapulver
1 TL gemahlene Kurkuma
1 TL gemahlener Zimt
1 TL gemahlener Koriander
1 TL gemahlener Ingwer
½ TL gemahlener Kardamom
½ TL gemahlener Piment
½ TL gemahlener Cayennepfeffer
Salz und Pfeffer nach Geschmack

1) Die Zutaten für die Gewürzmischung vermengen und verschlossen aufbewahren.

Beispielbild

Bánh mì mit gegrillten Pilzen

Für 2 Personen
Zubereiten: 20 Minuten
Grillen: 6–8 Minuten

Für die gegrillten Pilze
300 g gemischte Pilze (z. B. Champignons, Shiitake, Kräuterseitlinge)
2 EL Sojasauce
1 EL Sesamöl
1 Knoblauchzehe, gehackt
1 TL geriebener frischer Ingwer
Saft von 1 Limette
Salz und Pfeffer nach Geschmack

Für das Bánh mì
2 Baguette-Brötchen oder Bánh-mì-Brötchen
2 EL Mayonnaise
2 TL Sriracha-Sauce + nach Geschmack mehr
1 große Karotte, in Streifen geschnitten
1 Handvoll frische Korianderblätter
¼ Salatgurke, in Streifen geschnitten
¼ Rotkohl, geraspelt
1 Jalapeño-Schote (optional), in dünne Ringe geschnitten
2 Limettenschnitze

1) Für die gegrillten Pilze die Pilze putzen und je nach Größe in dünne Scheiben schneiden oder in Streifen zupfen.

2) In einer Schüssel die Sojasauce, das Sesamöl, den Knoblauch, den Ingwer und den Limettensaft verrühren.

3) Die Pilze zur Marinade geben und darin wenden (am besten von Hand), bis sie rundum damit überzogen sind. Abgedeckt 15 Minuten im Kühlschrank marinieren lassen.

4) Die marinierten Pilze in ein faltbares, engmaschiges Grillgitter einklemmen und auf dem vorgeheizten Grill bei mittlerer Temperatur 3–4 Minuten pro Seite grillen, bis sie leicht gebräunt und durchgegart sind. Dann vom Grill nehmen und mit Salz und Pfeffer abschmecken.

5) Für das Bánh mì die Brötchen längs aufschneiden und auf dem Grill auf den Schnittflächen leicht rösten.

6) In einer kleinen Schüssel die Mayonnaise und Sriracha-Sauce verrühren. Die Brötchenhälften großzügig mit der Sriracha-Mayonnaise bestreichen und die gegrillten Pilze auf die untere Brötchenhälfte legen. Mit Koriander, Karotte, Gurke, Rotkohl und optional Jalapeño-Ringen belegen.

7) Mit einem Spritzer Saft der Limettenschnitze beträufeln und nach Belieben mit zusätzlicher Sriracha-Sauce würzen.

8) Die obere Brötchenhälfte aufsetzen, das Bánh mì in zwei Hälften schneiden und servieren.

Beispielbild

Glasierter Pilz-Walnuss-Hackbraten

Für 6 Personen
Zubereiten: 25 Minuten
Grillen: ca. 30–40 Minuten

Für die Glasur
120 g Ketchup
2 EL mittelscharfer Senf
3 EL brauner Zucker
½ TL Apfelessig
¼ TL Salz

Für den Pilz-Walnuss-Hackbraten
2 ½ EL gemahlene Leinsamen
2 EL neutrales Pflanzenöl + mehr für die Form
1 rote Zwiebel, gewürfelt
75 g Staudensellerie, gewürfelt
Salz
3 Knoblauchzehen, gehackt
1 ½ TL getrockneter Thymian
1 TL gehackte Rosmarinnadeln
1 ½ TL gehackte Petersilie
250 g braune Champignons, fein gehackt
200 g gekochte Kartoffeln, zerstampft
300 g gegarter Reis vom Vortag
60 g Haferflocken
35 g Semmelbrösel
60 g Walnusskerne, gehäckselt oder sehr fein gehackt
3 EL Tomatenmark
1 EL Worcestershire-Sauce
frisch gemahlener Pfeffer zum Abschmecken

1) Für die Glasur alle Zutaten in einer kleinen Schüssel gründlich vermischen, dann beiseitestellen.

2) Für den Pilz-Walnuss-Hackbraten die Leinsamen mit 6 EL Wasser verrühren und mindestens 10 Minuten quellen lassen.

3) Inzwischen in einer großen Pfanne das Öl bei mittlerer Temperatur erhitzen. Die Zwiebel und den Sellerie darin 5–6 Minuten anbraten, bis die Zwiebel leicht gebräunt und der Sellerie weich ist. Mit 1 ½ TL Salz würzen. Anschließend den gehackten Knoblauch, den Thymian, den Rosmarin und die Petersilie hinzufügen und 1 Minute mit anschwitzen.

4) Die Temperatur auf mittlere bis hohe Stufe erhöhen. Die Pilze zugeben und 6–8 Minuten braten, bis die austretende Flüssigkeit verdampft ist.

5) Die Pilzmischung in eine große Schüssel umfüllen. Die zerdrückten Kartoffeln, den Reis, die Haferflocken, die Semmelbrösel, die Leinsamenmischung, die Walnusskerne, das Tomatenmark und die Worcestershire-Sauce dazugeben und die Zutaten gründlich vermengen. Dann die Masse mit Salz und Pfeffer abschmecken.

6) Eine Kastenform (20 cm lang) kräftig mit Öl einstreichen. Die Pilzmasse hineingeben und gleichmäßig ausstreichen. Die Oberseite des Laibs mit der Ketchup-Glasur bestreichen.

7) Den Hackbraten auf dem vorgeheizten Grill bei mittlerer Temperatur etwa 30–40 Minuten grillen, bis er fest wird und leicht gebräunt ist. Dann etwas abkühlen lassen und aus der Form stürzen.

8) Den Pilz-Hackbraten in Scheiben geschnitten servieren.

Pulled Pilz-Burger

Für 2 Personen
Zubereiten: 15 Minuten
Marinieren: 15–20 Minuten
Grillen: 10–15 Minuten

Für die Pilze
300 g Kräuterseitlinge
2 EL Olivenöl
2 TL geräuchertes Paprikapulver
1 TL gemahlener Kreuzkümmel
1 TL Zwiebelpulver
1 TL Knoblauchpulver
Salz und Pfeffer nach Geschmack

Für die BBQ-Sauce
240 ml Ketchup
2 EL Ahornsirup
2 EL Apfelessig
1 EL Sojasauce
1 TL geräuchertes Paprikapulver
1 TL Zwiebelpulver
1 TL Knoblauchpulver
½ TL Senf
Salz und Pfeffer nach Geschmack

Außerdem
2 Burger-Buns
Toppings nach Wahl (z. B. Cole Slaw, eingelegte Zwiebeln, Gurkenscheiben)

1) Für die Pilze die Kräuterseitlinge putzen und mit einer Gabel zerfasern und zerzupfen, um die Textur von Pulled Pork zu erhalten.

2) In einer Schüssel das Olivenöl, das Paprikapulver, den Kreuzkümmel, das Zwiebelpulver, das Knoblauchpulver, Salz und Pfeffer zu einer Marinade vermengen.

3) Die Pilze zur Marinade geben und darin wenden (am besten von Hand), bis sie rundum damit überzogen sind. Abgedeckt 15–20 Minuten im Kühlschrank marinieren lassen.

4) In der Zwischenzeit für die BBQ-Sauce in einer großen Schüssel das Ketchup, den Ahornsirup, den Apfelessig, die Sojasauce, das Paprika-, das Zwiebel- und das Knoblauchpulver, den Senf, Salz sowie Pfeffer gut vermischen.

5) Die marinierten Kräuterseitlinge in ein faltbares, engmaschiges Grillgitter einklemmen. Auf dem Grill bei mittlerer Temperatur 10–15 rundum grillen, bis sie zart sind. Dann in die Schüssel zur BBQ-Sauce geben und gründlich vermengen, bis die Pilze rundum davon bedeckt sind.

6) Die Buns aufschneiden, die Kräuterseitlinge auf die unteren Hälften geben und mit Toppings nach Wahl belegen. Die oberen Brötchenhälften auflegen und die Burger servieren.

Pilz-Burger

Für 2 Personen
Zubereiten: 25 Minuten
Quellen: 5–10 Minuten
Grillen: 10–14 Minuten

Für die Pilz-Pattys
300 g gemischte Pilze (z. B. Champignons, Shiitake, Kräuterseitlinge)
1 Zwiebel, fein gehackt
2 Knoblauchzehen, gehackt
2 EL Olivenöl
1 TL Sojasauce
1 TL geräuchertes Paprikapulver
1–2 EL helle Misopaste (Menge nach Geschmack)
Pfeffer nach Geschmack
70 g Pankobrösel
1 Ei oder eine Mischung aus 1 EL Kichererbsenmehl und 2–3 EL Wasser

Für die Burger-Sauce
4 EL Mayonnaise
1 TL mittelscharfer Senf
1 TL Ketchup
1 TL Weißweinessig
Salz und Pfeffer nach Geschmack

Außerdem
2 Burger-Brötchen
Blattsalat zum Belegen
Tomatenscheiben zum Belegen
Zwiebelringe zum Belegen
Avocadoscheiben zum Belegen
4 Scheiben Käse

1) Für die Pattys die Pilze putzen und fein hacken.

2) Die Pilze, die Zwiebel und den Knoblauch in einer Pfanne im Olivenöl anschwitzen, bis sie weich sind und die Flüssigkeit weitgehend verdampft ist. Dann die Sojasauce, das Paprikapulver, die Misopaste sowie Pfeffer hinzufügen und alles gut vermengen.

3) Die Pilzmischung in eine Küchenmaschine geben und in Intervallen hacken, bis eine grobe, aber zusammenhängende Textur entsteht. Die Mischung in eine Schüssel umfüllen und das Ei oder die Kichererbsenmehl-Wasser-Paste einarbeiten. Die Masse 5–10 Minuten quellen lassen.

4) Aus der Pilzmasse Burger-Pattys formen und diese auf dem vorgeheizten Grill bei mittlerer Temperatur 5–7 Minuten pro Seite grillen, bis sie fest sind und eine leichte Kruste bekommen haben.

5) Für die Burger-Sauce in einer kleinen Schüssel die Mayonnaise, den Senf, das Ketchup, den Essig, Salz und Pfeffer verrühren, bis eine cremige Sauce entsteht.

6) Die Burger-Brötchen längs aufschneiden und auf dem Grill auf den Schnittflächen kurz rösten. Anschließend mit der Burger-Sauce bestreichen. Die gegrillten Pilz-Pattys auf die Brötchen legen und nach Belieben mit Blattsalat, Tomatenscheiben, Zwiebelringen, Avocadoscheiben und den Käsescheiben belegen.

7) Die obere Brötchenhälften aufsetzen und die Pilz-Burger sofort servieren.

Tipp
Auch einfache Pilzsteaks lassen sich wie ein Patty verwenden.

Pilz-Tacos im Stil von Cochinita Pibil

Für 2 Personen
Zubereiten: 10 Minuten
Marinieren: 30 Minuten
Grillen: 5–7 Minuten

300 g gemischte Pilze (z. B. Kräuterseitlinge, Shiitake)
Saft von 2 Orangen
Saft von 2 Limetten
3 Knoblauchzehen, gehackt
2 TL Achiote-Paste oder für eine mildere Version Paprikapulver
1 TL gemahlener Kreuzkümmel
1 TL getrockneter Oregano
Salz und Pfeffer nach Geschmack
1 Zwiebel, klein gewürfelt
1 Handvoll frische Korianderblätter
kleine Softshell-Mais- oder Weizentortillas für 2 Personen
Limettenschnitze zum Servieren
Avocadowürfel zum Servieren

1) Die Pilze putzen und in dünne Streifen schneiden.

2) In einer Schüssel den Orangen- und Limettensaft, den Knoblauch, die Achiote-Paste oder Paprikapulver, Kreuzkümmel, Oregano, Salz und Pfeffer zu einer Marinade vermengen.

3) Die Pilzstreifen zur Marinade geben und darin wenden (am besten von Hand), bis sie rundum damit überzogen sind. Abgedeckt 30 Minuten im Kühlschrank marinieren lassen.

4) Die Pilze und die Zwiebelringe in ein faltbares, engmaschiges Grillgitter einklemmen. Auf dem vorgeheizten Grill bei mittlerer Temperatur 5–7 Minuten grillen, bis sie kräftig geröstet sind.

5) Die gegrillten Pilze und Zwiebel in die Tortillas geben. Mit frischem Koriander bestreuen und mit Limettenschnitzen sowie Avocadostücken servieren.

Pilz-Döner

Für 2 Personen
Zubereiten: 25 Minuten
Marinieren: 15–30 Minuten
Grillen: 10–14 Minuten

Für die gegrillten Pilze
400 g Austernpilze
2 Knoblauchzehen, gehackt
3–4 EL Olivenöl
1 TL gemahlener Kreuzkümmel
1 TL scharfes Paprikapulver
Salz und Pfeffer nach Geschmack

Für den Knoblauch-Dip
200 g griechischer Joghurt
2 Knoblauchzehen, fein gehackt
Saft von ½ Zitrone
Salz und Pfeffer nach Geschmack

Für die Döner-Sauce
4 EL Tahini (Sesampaste)
2 EL Zitronensaft
1 TL gemahlener Kreuzkümmel
1 TL Paprikapulver
Salz und Pfeffer nach Geschmack

Außerdem
dünne Fladenbrote oder Pitabrote für 2 Personen
Gemüse nach Wahl (z. B. Tomaten, Gurken, Zwiebeln) zum Füllen
Salat nach Wahl (z. B. Rucola) zum Füllen

1) Für die gegrillten Pilze die Austernpilze putzen und in dünne Scheiben schneiden.

2) In einer Schüssel den Knoblauch, das Olivenöl, den Kreuzkümmel und das Paprikapulver zu einer Marinade verrühren. Mit Salz und Pfeffer würzen.

3) Die Pilze zur Marinade geben und darin wenden (am besten von Hand), bis sie rundum damit überzogen sind. Abgedeckt 15–30 Minuten im Kühlschrank marinieren lassen.

4) Inzwischen für den Knoblauch-Dip den griechischen Joghurt, den Knoblauch und den Zitronensaft verrühren. Mit Salz und Pfeffer abschmecken.

5) Für die Döner-Sauce das Tahini, den Zitronensaft, 2 EL Wasser, den Kreuzkümmel, das Paprikapulver sowie Salz und Pfeffer in einer separaten Schüssel glatt mischen.

6) Die marinierten Pilze gleichmäßig auf einem engmaschigen, faltbaren Grillgitter verteilen und darin einklemmen. Auf dem vorgeheizten Grill bei mittlerer Temperatur 5–7 Minuten grillen, dann wenden und weitere 5–7 Minuten grillen, bis die Pilze leicht gebräunt und durchgegart sind. Anschließend vom Grill nehmen.

7) Die Fladenbrote oder Pitabrote leicht grillen.

8) Anschließend die Brote mit den gegrillten Pilzen, Gemüse und Salat füllen, mit dem Dip und der Sauce toppen und servieren.

Pilz-Gyros

Für 2 Personen
Zubereiten: 30 Minuten
Teiggehen: ca. 1 Stunde
Marinieren: 20 Minuten
Grillen: ca. 8–10 Minuten

Für die Pitabrote
1 TL Trockenhefe
1 TL Zucker
250 g Weizenmehl Type 550 + etwas mehr zum Arbeiten
1 TL Salz
2 EL Olivenöl + etwas mehr für die Schüssel und zum Bestreichen

Für das Pilz-Gyros
300 g gemischte Pilze (z. B. Champignons, Kräuterseitlinge, Shiitake)
2 EL Olivenöl
1 TL Paprikapulver
1 TL gemahlener Kreuzkümmel
1 TL getrockneter Oregano
Salz und Pfeffer nach Geschmack
Saft von 1 Zitrone

Für das Zaziki
½ Salatgurke
200 g griechischer Joghurt
2 Knoblauchzehen, gehackt
1 EL gehackter frischer Dill
1 EL Olivenöl
1 TL Zitronensaft
Salz und Pfeffer nach Geschmack

Außerdem
Tomatenscheiben zum Garnieren
rote Zwiebelringe zum Garnieren
Blattsalat zum Garnieren

1) Für die Pitabrote die Trockenhefe und den Zucker in 150 ml lauwarmem Wasser auflösen. Die Mischung etwa 5 Minuten ruhen lassen, bis sie schäumt.

2) In einer großen Schüssel das Mehl und das Salz vermengen. Das Olivenöl sowie die Hefe-Zucker-Mischung hinzugeben und die Zutaten verkneten. Dann auf einer bemehlten Arbeitsfläche etwa 5–7 Minuten weiterkneten, bis der Teig elastisch ist.

3) Den Teig in einer leicht eingeölten Schüssel abgedeckt an einem warmen Ort etwa 1 Stunde gehen lassen, bis er sein Volumen etwa verdoppelt hat.

4) Für das Gyros die Pilze putzen und in dünne Scheiben schneiden.

5) In einer Schüssel das Olivenöl, das Paprikapulver, den Kreuzkümmel, den Oregano, Salz, Pfeffer und den Zitronensaft zu einer Marinade vermengen.

6) Die Pilze zur Marinade geben und darin wenden (am besten von Hand), bis sie rundum damit überzogen sind. Abgedeckt 20 Minuten im Kühlschrank marinieren lassen.

7) Für das Zaziki die Gurke schälen, entkernen und fein reiben. In einem sauberen Geschirrtuch auspressen, um sie gut zu entwässern. Die Gurke in eine Schüssel geben und mit dem Joghurt, dem Knoblauch, dem Dill, dem Olivenöl und dem Zitronensaft vermengen. Mit Salz und Pfeffer abschmecken.

8) Den aufgegangenen Teig in zwei gleich große Stücke teilen und zu Kugeln formen. Jede Teigkugel auf einer leicht bemehlten Arbeitsfläche zu einem dünnen Fladen (etwa 20 cm lang und 10 cm breit) ausrollen.

9) Die Teiglinge auf dem vorgeheizten Grill bei mittlerer Temperatur etwa 2–3 Minuten pro Seite grillen, bis sie leicht aufgebläht und goldbraun sind. Dann vom Grill nehmen und von beiden Seiten mit Olivenöl bestreichen.

10) Die marinierten Pilze in ein faltbares, engmaschiges Grillgitter einklemmen und auf dem Grill etwa 4–5 Minuten von jeder Seite grillen, bis sie goldbraun und gut durchgegart sind.

11) Die warmen Pitabrote mit dem Zaziki bestreichen und das Pilz-Gyros darauf anrichten. Mit Tomatenschreiben, Zwiebelringen und Salatblättern garnieren und servieren.

Gefüllt

Mit Tomaten und Hummus gefüllte Portobello-Pilze

Für 2–4 Personen
Zubereiten: 10 Minuten
Grillen: ca. 10 Minuten

8 Portobello-Pilze
2–3 mittelgroße Tomaten
550 g Hummus (Seite 62)
4 EL gehackte frische glatte Petersilie
4 EL Olivenöl
Salz und Pfeffer nach Geschmack

1) Die Pilze vorsichtig putzen. Die Stiele entfernen und die Pilzkappen leicht aushöhlen. Die Tomaten würfeln.

2) Die Pilzkappen mit dem Hummus füllen, dann die gewürfelten Tomaten und die gehackte Petersilie darüberstreuen. Mit Olivenöl beträufeln und mit Salz sowie Pfeffer würzen.

3) Die Pilze mit der gefüllten Seite nach oben auf dem vorgeheizten Grill bei mittlerer bis hoher Temperatur grillen, bis sie weich sind.

4) Anschließend die Pilze vom Grill nehmen und servieren.

Knusprige Grillpilze

Für 2–4 Personen
Zubereiten: 10 Minuten
Grillen: ca. 10–15 Minuten

8 große Pilze (z. B. Champignons, Portobello)
Salz und Pfeffer nach Geschmack
120 g Semmelbrösel
2 Knoblauchzehen, fein gehackt
2 EL gehackte frische Petersilie
2 EL geriebener Parmesan
2 EL Olivenöl

1) Die Pilze vorsichtig putzen und die Stiele entfernen. Leicht salzen und pfeffern.

2) In einer Schüssel die Semmelbrösel, den Knoblauch, die Petersilie und den Parmesan vermengen.

3) Die Pilzkappen leicht mit Olivenöl bestreichen und mit der Semmelbrösel-Parmesan-Mischung füllen. Die Füllung leicht andrücken.

4) Die Pilze mit der gefüllten Seite nach oben auf dem vorgeheizten Grill bei mittlerer Temperatur etwa 10–15 Minuten grillen, bis sie weich sind und die Füllung knusprig und goldbraun ist.

5) Die gefüllten Pilze sofort servieren.

Zwiebelkuchen-Pilze

Für 2–4 Personen
Zubereiten: 15 Minuten
Grillen: 10–15 Minuten

8 große Pilze (z. B. Champignons, Portobello-Pilze)
1 EL Butter oder pflanzliche Margarine
1 Zwiebel, in dünne Ringe geschnitten
Salz und Pfeffer nach Geschmack
100 g Schmand
2 EL gehackte frische Petersilie + etwas mehr zum Garnieren
2 EL Olivenöl

1) Die Pilze vorsichtig reinigen und die Stiele entfernen.

2) Die Butter oder Margarine in einer Pfanne bei mittlerer Temperatur schmelzen lassen. Die Zwiebelringe darin glasig anschwitzen. Den Schmand und die gehackte Petersilie einrühren. Mit Salz und Pfeffer würzen. Die Pfanne vom Herd nehmen und die Mischung abkühlen lassen.

3) Die vorbereiteten Pilzkappen mit der Zwiebelmischung füllen.

4) Die Pilze mit der gefüllten Seite nach oben auf dem vorgeheizten Grill bei mittlerer Temperatur 10–15 Minuten grillen, bis sie weich sind und die Füllung goldbraun ist. Die Pilze zwischendurch mit dem Olivenöl bepinseln.

5) Die gegrillten Pilze mit Zwiebelkuchenfüllung auf einem Teller anrichten, mit frischer Petersilie garnieren und servieren.

Gegrillte Pilze mit Kimchi-Füllung und Käse

Für 2–4 Personen
Zubereiten: 10 Minuten
Grillen: 10–15 Minuten

12 große Champignons oder Portobello-Pilze
125 g Kimchi
1 Frühlingszwiebeln, fein geschnitten
2 TL Sojasauce
1 TL Sesamöl
1 große Knoblauchzehe, gehackt
1 TL geriebener frischer Ingwer
1 TL Reisessig
1 TL Zucker
Pfeffer nach Geschmack
60 g geriebener Cheddar
frische Koriander- oder Petersilienblätter zum Garnieren

1) Die Pilze putzen und die Stiele vorsichtlich entfernen. Das Kimchi fein hacken.

2) In einer Schüssel das Kimchi, die Frühlingszwiebeln, die Sojasauce, das Sesamöl, den Knoblauch, den Ingwer, den Reisessig, den Zucker und etwas Pfeffer vermengen.

3) Die Kimchi-Masse in die Pilzkappen verteilen.

4) Die Pilze mit der gefüllten Seite nach oben bei geschlossener Grillhaube bei mittlerer Temperatur 10–15 Minuten grillen, bis sie weich sind und die Füllung heiß ist. Gegen Ende der Grillzeit die Füllung mit dem geriebenen Käse bestreuen und weitergrillen, bis er geschmolzen ist.

5) Dann die Pilze vom Grill nehmen, mit frischen Korianderblättern oder Petersilie garnieren und sofort servieren. Dazu passt ein Klecks Sauerrahm.

Beispielbild

Morcheln mit Kräuter-Käse-Füllung

Für 2 Personen
Zubereiten: 10 Minuten
Einweichen: 1–2 Stunden
Grillen: 5–7 Minuten

200 g frische Morcheln
100 g Frischkäse
2 EL geriebener Parmesan
2 Knoblauchzehen, gehackt
1 EL fein gehackte frische Petersilie + etwas mehr zum Garnieren (alternativ mit Dillspitzen garnieren)

1 TL frische Thymianblättchen
fein abgeriebene Schale von ½ unbehandelten Zitrone
Salz und Pfeffer nach Geschmack
1 EL Olivenöl

1) Die frischen Morcheln unter kaltem Wasser gründlich abspülen. Anschließend in lauwarmem Wasser 1–2 Stunden einweichen. Anschließend die Morcheln abgießen und ausdrücken. Zum weiteren Trocknen am besten in einer Salatschleuder vorsichtig schleudern. Danach auf Küchenpapier trockentupfen.

2) In einer Schüssel den Frischkäse, den Parmesan, den Knoblauch, die Petersilie, den Thymian und die Zitronenschale vermengen. Mit Salz und Pfeffer abschmecken.

3) Die Morcheln längs halbieren und mit einem Teelöffel oder einem Spritzbeutel die Hälften großzügig mit der Frischkäsemasse füllen.

4) Die gefüllten Morcheln mit der gefüllten Seite nach oben auf den vorgeheizten Grill legen und bei mittlerer Temperatur 5–7 Minuten grillen, bis sie leicht gebräunt und zart gegart sind.

5) Die fertigen Morcheln vom Grill nehmen, zum Garnieren mit gehackter Petersilie bestreuen und servieren.

Pilz-Buns

Für 3–4 Personen
Zubereiten: 35 Minuten
Teiggehen: ca. 1 Stunde
Grillen: ca. 15–20 Minuten

Für den Teig
300 g Weizenmehl Type 550
+ etwas mehr zum Arbeiten
1 TL Zucker
1 TL Salz
1 TL Trockenhefe
1 EL Pflanzenöl

Für die Pilzfüllung
300 g gemischte Pilze (z. B. Champignons, Shiitake, Kräuterseitlinge)
1 Zwiebel, fein gehackt
1 EL Pflanzenöl
2 Knoblauchzehen, gehackt
1 TL Sojasauce
1 TL Paprikapulver
Salz und Pfeffer nach Geschmack

Für die Glasur
1 EL Sojasauce
1 EL Reisessig
1 TL Sesamöl

Außerdem
schwarze und weiße Sesamsamen zum Bestreuen (optional)

1) Für den Teig das Mehl, den Zucker, das Salz und die Trockenhefe in der Schüssel der Küchenmaschine vermengen. Das Pflanzenöl hinzufügen sowie nach und nach 150 ml lauwarmes Wasser zugießen, dabei mit den Knethaken kneten, bis ein glatter, elastischer Teig entstanden ist.

2) Den Teig abgedeckt an einem warmen Ort etwa 1 Stunde gehen lassen, bis er sein Volumen verdoppelt hat.

3) Inzwischen für die Füllung die Pilze putzen und fein hacken. Die Zwiebel in einer Pfanne im Pflanzenöl glasig anschwitzen. Danach die Pilze und den Knoblauch hinzufügen. Etwa 5–7 Minuten anbraten, bis die Flüssigkeit verdampft ist und die Pilze leicht gebräunt sind. Dann die Sojasauce, das Paprikapulver, Salz und Pfeffer hinzugeben und die Pilzmischung noch 2–3 Minuten weiterbraten. Anschließend die Pfanne vom Herd nehmen und die Mischung abkühlen lassen.

4) Nach dem Gehen den Teig auf einer leicht bemehlten Arbeitsfläche 1 cm dick ausrollen und Kreise mit 8–10 cm Durchmesser ausstechen. In die Mitte jedes Teigkreises 1 EL der abgekühlten Pilzfüllung geben. Die Teigränder zur Mitte über der Füllung zusammenführen und zusammendrücken, sodass die Füllung gut eingeschlossen ist.

5) Die gefüllten Buns auf Grillpapier auf den Grill legen und bei mittlerer Temperatur etwa 15–20 Minuten grillen, bis sie goldbraun und durchgebacken sind. Zwischendurch wenden.

6) Während die Buns backen, für die Glasur in einer kleinen Schüssel die Sojasauce, den Reisessig und das Sesamöl vermischen.

7) Die fertigen Pilz-Buns vom Grill nehmen und mit der Glasur bestreichen. Optional zusätzlich mit Sesamsamen bestreuen. Die Buns warm oder lauwarm genießen.

Tipp
In der Füllung können auch Pilzstiele verwendet werden, die in anderen Rezepten nicht benötigt werden.

Beispielbild

Grillpaprika mit Pilzfüllung

Für 2 Personen
Zubereiten: 30 Minuten
Grillen: ca. 15–20 Minuten

200 g gemischte Pilze (z. B. Champignons, Shiitake, Kräuterseitlinge)
1 EL Olivenöl
1 Zwiebel, fein gehackt
2 Knoblauchzehen, gehackt
100 g Reis, gegart
2 EL gehackte frische Petersilie
Salz und Pfeffer nach Geschmack
2 große Paprikaschoten (rot, gelb oder grün)
4 EL geriebener Käse (optional)

1) Die Pilze putzen und würfeln. Das Olivenöl in einer Pfanne erhitzen und die gehackte Zwiebel darin anschwitzen. Dann den Knoblauch und die gewürfelten Pilze hinzufügen und weiterbraten, bis die Pilze weich sind.

2) Den gekochten Reis und die gehackte Petersilie in die Pfanne geben und alles vermengen. Mit Salz und Pfeffer abschmecken.

3) Die Paprika halbieren und vom Kerngehäuse befreien. Die Hälften mit der Pilz-Reis-Mischung füllen und optional mit geriebenem Käse bestreuen.

4) Die Paprikahälften mit der gefüllten Seite nach oben auf dem vorgeheizten Grill bei mittlerer Temperatur etwa 15–20 Minuten grillen, bis die Paprika weich sind und die Füllung heiß und leicht gebräunt ist.

5) Die gefüllten Paprika vom Grill nehmen und sofort servieren.

Kohlrouladen mit Pilzfüllung

Für 2 Personen
Zubereiten: 25 Minuten
Grillen: ca. 15–20 Minuten

Für Kohlrouladen
4 große Blätter Weißkohl
Salz nach Geschmack

Für die Pilzfüllung
200 g gemischte Pilze (z. B. Champignons, Shiitake, Kräuterseitlinge)
2 EL Olivenöl
1 Zwiebel, fein gehackt
2 Knoblauchzehen, gehackt
1 TL getrockneter Thymian
Salz und Pfeffer nach Geschmack

Für die Grillsauce
250 ml passierte Tomaten
1 TL edelsüßes Paprikapulver
1 TL gemahlener Kreuzkümmel
1 TL Chiliflocken
Salz und Pfeffer nach Geschmack

1) Für die Kohlrouladen den Weißkohl vorsichtig abspülen und den harten Strunk herausschneiden. In einem großen Topf Wasser aufkochen und salzen. Die Blätter darin in etwa 2–3 Minuten weich garen.

2) Für die Füllung die Pilze putzen und fein hacken. Das Olivenöl in einer Pfanne erhitzen und die Zwiebel darin glasig anschwitzen. Die Pilze und den Knoblauch hinzufügen und 5–7 Minuten anbraten, bis die Flüssigkeit verdampft ist und die Pilze leicht gebräunt sind. Dann mit dem Thymian, Salz und Pfeffer würzen. Die Zutaten gut vermengen und noch 2–3 Minuten weiterbraten. Anschließend die Pfanne vom Herd nehmen und abkühlen lassen.

3) Die vorbereiteten Kohlblätter flach ausbreiten und jeweils ein Viertel der abgekühlten Pilzmischung in die Mitte geben. Die Blätter über die Füllung schlagen und aufrollen, um die Füllung einzuschließen. Mit einer Bratschnur fixieren.

4) Die Kohlrouladen auf den Grill legen und bei mittlerer Temperatur etwa 15–20 Minuten grillen, bis sie von allen Seiten gut durchgegart und leicht geröstet sind.

5) Inzwischen für die Grillsauce die passierten Tomaten, das Paprikapulver, den Kreuzkümmel, die Chiliflocken in einem Topf vermengen und aufkochen. Mit Salz und Pfeffer abschmecken.

6) Die gegrillten Kohlrouladen mit der Grillsauce servieren.

Beilagen

Antipasti-Grillpilze

Für 4 Personen
Zubereiten: 10 Minuten
Grillen: ca. 6–8 Minuten
Marinieren: ca. 10 Minuten

200 g Shiitakepilze
200 g Champignons
200 g Kräuterseitlinge
Salz und Pfeffer nach Geschmack
2 EL Olivenöl
2 EL Balsamico
2 Schalotten, in Streifen geschnitten
2 Knoblauchzehen, in Scheiben geschnitten
2 Zweige frischer Rosmarin, Nadeln abgezupft und fein gehackt
1 kleine Chilischote, entkernt und fein gewürfelt

1) Die Pilze putzen und die Stiele von den Shiitakepilzen entfernen. Champignons und Kräuterseitlinge halbieren.

2) Die Pilze auf dem vorgeheizten Grill bei mittlerer Temperatur etwa 3–4 Minuten pro Seite grillen, bis sie goldbraun sind und eine leichte Grillmarkierung angenommen haben. Nach dem Grillen mit Salz und Pfeffer würzen.

3) In einer Schüssel das Olivenöl, den Balsamico, die Schalotten, den Knoblauch, den Rosmarin und die Chilischote zu einer Marinade vermischen.

4) Die gegrillten Pilze in die Schüssel mit der Marinade geben und gründlich damit vermengen. In der Marinade etwa 10 Minuten ziehen lassen.

5) Anschließend die Pilze sofort servieren.

Grillpilz-Pesto

Für 1 Schraubglas à 300 ml
Zubereiten: 15 Minuten
Grillen: 8–10 Minuten

300 g gemischte Pilze (z. B. Champignons, Austernpilze, Kräuterseitlinge)
2 EL Olivenöl für die Marinade + 80 ml für das Pesto + etwas mehr nach Bedarf
2 Knoblauchzehen, gehackt
1 TL gehackter frischer Rosmarin
Salz und Pfeffer nach Geschmack
3 EL Pinienkerne, geröstet
2 Knoblauchzehen
1 EL frische Thymianblättchen
2 EL gehackte frische Petersilie
60 g geriebener Parmesan
Saft von ½ Zitrone

1) Die gemischten Pilze putzen und in Scheiben schneiden oder in Streifen zupfen.

2) In einer Schüssel 2 EL Olivenöl, den Knoblauch, den Rosmarin, Salz und Pfeffer verrühren. Die Pilzstücke zur Marinade geben und darin wenden (am besten von Hand), bis sie rundum damit überzogen sind.

3) Die Pilze in ein faltbares, engmaschiges Grillgitter legen und darin einklemmen. Auf dem Grill bei mittlerer Temperatur 8–10 Minuten grillen, bis sie weich und leicht gebräunt sind, dabei gelegentlich wenden.

4) Die fertigen Pilze vom Grill und aus dem Gitter nehmen und etwas abkühlen lassen.

5) Anschließend die Pilze mit den gerösteten Pinienkernen, dem Knoblauch, dem Thymian, der Petersilie, dem Parmesan, dem Zitronensaft und 80 ml Olivenöl in einen hohen Becher geben und mit dem Stabmixer zu einem Pesto pürieren. Wenn es sehr fest ist, etwas mehr Olivenöl nach Bedarf hinzufügen. Mit Salz und Pfeffer abschmecken.

6) Das fertige Pesto zum Bestreichen von geröstetem Brot verwenden.

Tipp
Hier können auch Pilzstiele verwendet werden, die bei anderen Gerichten übrig bleiben.

Beispielbild

Ceasar Salad

Für 2–4 Personen
Zubereiten: 20 Minuten
Grillen: 8–12 Minuten

Für das Caesar-Dressing (200 ml)
115 g Mayonnaise
1 Knoblauchzehe, abgezogen
2 EL Zitronensaft + etwas mehr nach Geschmack
1 TL Dijonsenf + etwas mehr nach Geschmack
1 TL vegetarische Worcestersauce (einige Sorten enthalten Anchovis) + etwas mehr nach Geschmack
60 g Parmesanspäne (alternativ Hefeflocken)
2 EL Olivenöl
Salz und Pfeffer nach Geschmack

Für den Salat
200 g Champignons
2 Romanasalatherzen
2 EL Olivenöl + etwas mehr zum Bestreichen
Salz und Pfeffer nach Geschmack
2 Knoblauchzehen, davon 1 gehackt, 1 halbiert
2 Scheiben frisches Brot
4 EL Caesar-Dressing (Rezept siehe oben)
60 g Parmesanspäne

1) Für das Dressing die Mayonnaise, den Knoblauch, den Zitronensaft, den Dijonsenf und die Worcestersauce in einem hohen Becher glatt mixen. Den Parmesan hinzufügen und noch einmal kurz mixen. Das Olivenöl unter Mixen in die Mischung einfließen lassen. Mit Salz und Pfeffer abschmecken und nach Bedarf mit Zitronensaft, Senf, Worcestersauce, Salz und Pfeffer abschmecken. Das Caesar-Dressing in Schraubglas umfüllen und kühl stellen.

2) Für den Salat die Pilze putzen und in dicke Scheiben schneiden. Die Romanasalatherzen halbieren und die Schnittseiten leicht mit Olivenöl bestreichen. Mit Salz und Pfeffer würzen.

3) 2 EL Olivenöl, den gehackten Knoblauch, Salz und Pfeffer zu einer Marinade verrühren. Die Pilzscheiben zur Marinade geben und darin wenden (am besten von Hand), bis sie rundum damit überzogen sind.

4) Die Brotscheiben mit Olivenöl bestreichen. Mit den Schnittstellen der halbierten Knoblauchzehen über die Brote reiben.

5) Die Champignons auf dem vorgeheizten Grill bei mittlerer Temperatur 3–4 Minuten pro Seite grillen, bis sie goldbraun sind. Die Brotscheiben ebenfalls von beiden Seiten knusprig rösten. Die Romana-Hälften mit der Schnittseite nach unten auf den Grill legen und 1–2 Minuten grillen, bis sie ein leichtes Grillmuster angenommen haben.

6) Die Zutaten vom Grill nehmen. Die Brotscheiben in Würfel schneiden.

7) Die gegrillten Salatherzen mit den Schnittseiten nach oben auf Teller verteilen. Mit dem Dressing beträufeln (das restliche Dressing kühl stellen und innerhalb von 2 Tagen verbrauchen), mit den Champignons, den Parmesanspänen sowie den Brotwürfeln toppen und sofort servieren.

Pilz-Bruschetta

Für 2–3 Personen
Zubereiten: 15 Minuten
Grillen: 5–10 Minuten

300 g gemischte Pilze (z. B. Champignons, Shiitake, Kräuterseitlinge)
2 Tomaten
2 EL Olivenöl + mehr zum Bestreichen
4 Knoblauchzehen, davon 2 gehackt, 2 halbiert
Salz und Pfeffer nach Geschmack
Baguette oder Ciabatta für 2–3 Personen
2 EL gehackte frische Petersilie
1 EL gehacktes frisches Basilikum
1 EL Balsamico

1) Die Pilze putzen und in Scheiben schneiden. Die Tomaten würfeln.

2) In einer Schüssel 2 EL Olivenöl, den gehackten Knoblauch, Salz und Pfeffer zu einer Marinade vermengen. Die Pilzscheiben zur Marinade geben und alles gründlich vermischen.

3) Baguette oder Ciabatta in Scheiben schneiden. Von beiden Seiten mit Olivenöl bestreichen und mit den Schnittflächen der halbierten Knoblauchzehen über die Brotscheiben reiben.

4) Die marinierten Pilze bei mittlerer Temperatur 5–10 Minuten grillen, bis sie weich und leicht gebräunt sind, gelegentlich wenden. Die Brotscheiben ebenfalls von beiden Seiten rösten.

5) Die gegrillten Pilze in eine Schüssel geben und mit den gewürfelten Tomaten, der Petersilie, dem Basilikum und dem Balsamico vermengen. Mit Salz und Pfeffer abschmecken.

6) Die Pilz-Tomaten-Mischung großzügig auf den Brotscheiben verteilen und sofort servieren.

Gegrillte Pilz-Focaccia

Für 4–6 Personen
Zubereiten: 25 Minuten
Teigruhe: 90 Minuten + 12–24 Stunden
Grillen: ca. 15–20 MInuten

Für den Teig
500 g Weizenmehl Type 550 + etwas mehr zum Arbeiten
7 g Trockenhefe (1 Päckchen)
3 EL Olivenöl + etwas mehr für die Schüssel/Teigwanne und die Arbeitsfläche
2 TL Salz
1 TL Zucker

Für den Belag
300 g gemischte Pilze (z. B. Champignons, Austernpilze, Pfifferlinge)
2 Knoblauchzehen, gehackt
2 Zweige frischer Rosmarin, Nadeln abgezupft und gehackt
5 EL Olivenöl
Salz und Pfeffer nach Geschmack

1) Für den Teig das Weizenmehl, die Trockenhefe, 350 ml lauwarmes Wasser, das Olivenöl, das Salz und den Zucker in die Schüssel der Küchenmaschine geben und etwa 10 Minuten verkneten, bis ein glatter, elastischer Teig entstanden ist.

2) Den Teig in eine leicht eingeölte Schüssel oder Teigwanne umfüllen und abgedeckt 1 Stunde anspringen lassen. Danach den Teig dehnen und falten, um die Struktur zu stabilisieren. Anschließend für 12–24 Stunden in den Kühlschrank stellen.

3) Den Teig nach der Teigreife aus dem Kühlschrank nehmen und in etwa 30 Minuten Raumtemperatur annehmen lassen. Anschließend auf eine leicht geölte Fläche kippen.

4) Für den Belag die Pilze putzen und in Scheiben oder Streifen schneiden. Die Pilze, den Knoblauch und die Rosmarinnadeln mit 3 EL Olivenöl vermengen. Mit Salz und Pfeffer würzen.

5) Den Focaccia-Teig auf ein leicht bemehltes Blech oder eine Grill-Pizzaplatte legen und zu einer rechteckigen Form ausziehen. Die marinierten Pilze gleichmäßig über dem Teig verteilen.

6) Die Focaccia mit Grill- oder Backpapier abdecken und auf dem vorgeheizten Grill bei mittlerer Temperatur etwa 15–20 Minuten backen, bis der Teig aufgegangen und goldbraun ist.

7) Die fertige Focaccia vom Grill nehmen und mit den restlichen 2 EL Olivenöl beträufeln. In Stücke schneiden und servieren.

Naan-Brote

½ TL Trockenhefe
½ TL Zucker
200 g Weizenmehl Type 550
+ etwas mehr nach Bedarf und zum Arbeiten
¼ TL Salz
¼ TL Backpulver
2 EL Joghurt
2 EL Milch
4 EL Pflanzenöl zum Bestreichen

1) Für die Naan-Brote die Trockenhefe und den Zucker in 2 EL lauwarmem Wasser auflösen. Die Mischung etwa 5 Minuten ruhen lassen, bis sie schäumt.

2) In einer großen Schüssel das Mehl, das Salz und das Backpulver vermengen. Den Joghurt sowie die Hefe-Zucker-Mischung hinzugeben und die Zutaten verkneten. Dann auf einer bemehlten Arbeitsfläche etwa 5–7 Minuten weiterkneten, bis der Teig glatt und elastisch ist.

3) Den Teig in einer Schüssel abgedeckt an einem warmen Ort etwa 1 Stunde gehen lassen, bis er sein Volumen etwa verdoppelt hat.

4) Den aufgegangenen Teig in vier gleich große Stücke teilen und zu Kugeln formen. Jede Teigkugel zu einem dünnen Oval ausrollen (20 cm lang und 10 cm breit) und mit Pflanzenöl einstreichen.

5) Die Teiglinge auf dem vorgeheizten Grill bei mittlerer Temperatur etwa 2–3 Minuten pro Seite grillen, bis sie leicht aufgebläht und goldbraun sind. Anschließend vom Grill nehmen.

Pitabrote

1 TL Trockenhefe
1 TL Zucker
250 g Weizenmehl Type 550
+ etwas mehr zum Arbeiten
1 TL Salz
2 EL Olivenöl + etwas mehr
für die Schüssel

1) Für die Pitabrote die Trockenhefe und den Zucker in 150 ml lauwarmem Wasser auflösen. Die Mischung etwa 5 Minuten ruhen lassen, bis sie schäumt.

2) In einer großen Schüssel das Mehl und das Salz vermengen. Das Olivenöl sowie das Hefe-Zucker-Gemisch hinzugeben und die Zutaten verkneten. Dann auf einer bemehlten Arbeitsfläche etwa 5–7 Minuten weiterkneten, bis der Teig glatt und elastisch ist.

3) Den Teig in einer leicht eingeölten Schüssel abgedeckt an einem warmen Ort etwa 1 Stunde gehen lassen, bis er sein Volumen etwa verdoppelt hat.

4) Den aufgegangenen Teig in vier gleich große Stücke teilen und zu Kugeln formen. Jede Teigkugel auf einer leicht bemehlten Arbeitsfläche zu einem dünnen Fladen (etwa 15 cm Durchmesser) ausrollen.

5) Die Teiglinge auf dem vorgeheizten Grill bei mittlerer Temperatur etwa 2–3 Minuten pro Seite grillen, bis sie leicht aufgebläht und goldbraun sind. Dann vom Grill nehmen.

Sparerib-Sauce

Für die Sauce
½ Tasse Ketchup (ca. 120 ml)
2 EL Apfelessig
2 EL brauner Zucker
1 EL Worcestersauce
½ EL mittelscharfer Senf
½ TL Liquid Smoke (optional, für rauchigen Geschmack)
Salz und Pfeffer nach Geschmack

1) Das Ketchup, den Apfelessig, den braunen Zucker, die Worcestersauce, den Senf und optional das Liquid Smoke in einen kleinen Topf geben. Bei mittlerer Temperatur aufkochen. Dann die Temperatur reduzieren und die Sauce 10–15 Minuten köcheln lassen, bis sie eingedickt ist. Zuletzt mit Salz und Pfeffer abschmecken.

Aivar

2 rote Paprikaschoten
2 EL Tomatenmark
1 Knoblauchzehe, gehackt
2 EL Olivenöl
1 TL scharfes oder mildes Paprikapulver
Salz und Pfeffer nach Geschmack

1) Die Paprikaschoten auf dem vorgeheizten Grill bei hoher Temperatur rösten, bis die Haut schwarz ist und Blasen wirft. Die Schoten in eine Frischhaltedose geben, verschließen und etwas abkühlen lassen. Anschließend die Haut von den Schoten abziehen.

2) Die gehäuteten Paprikaschoten (ohne Stiele), das Tomatenmark, den Knoblauch, das Olivenöl und das Paprikapulver in ein hohes Gefäß geben und glatt pürieren. Die Paste mit Salz und Pfeffer abschmecken.

Burger-Sauce

4 EL Mayonnaise
1 TL mittelscharfer Senf
1 TL Ketchup
1 TL Weißweinessig
Salz und Pfeffer nach Geschmack

1) In einer kleinen Schüssel die Mayonnaise, den Senf, das Ketchup, den Essig, Salz und Pfeffer verrühren, bis eine cremige Sauce entsteht.

Hummus

1 Dose Kichererbsen (400 g), abgetropft
3 EL Tahini (Sesampaste)
2 Knoblauchzehen, gehackt
Saft von 1 Zitrone + etwas mehr nach Geschmack
3 EL Olivenöl
1 TL gemahlener Kreuzkümmel + etwas mehr nach Geschmack
Salz und Pfeffer nach Geschmack

1) Für den Hummus die abgetropften Kichererbsen in einen Mixer geben. Das Tahini, den Knoblauch, den Zitronensaft, das Olivenöl, den Kreuzkümmel, Salz und Pfeffer hinzufügen. Mixen, bis eine cremige Konsistenz erreicht ist, nach Bedarf 2–3 EL Wasser untermixen. Zuletzt den Hummus mit mehr Zitronensaft, Salz und Kreuzkümmel nach Geschmack abschmecken.

Gurken-Minz-Dip

1 Salatgurke
240 g griechischer Joghurt oder Skyr
2 EL gehackte frische Minze
Saft von 1 Zitrone
2 Knoblauchzehen (optional), fein gehackt
1 TL Meersalz
1 Prise Pfeffer
2 EL extra natives Olivenöl (optional)

1) Die Salatgurke reiben und in ein feines Sieb über einer Schüssel geben. So viel Feuchtigkeit wie möglich ausdrücken, anschließend in eine große Schüssel umfüllen.

2) Die übrigen Zutaten (außer dem optionalen Olivenöl) für den Dip hinzufügen und gründlich vermengen. Nach Geschmack mit dem Olivenöl beträufeln.

Zaziki

½ Salatgurke
200 g griechischer Joghurt
2 Knoblauchzehen, gehackt
1 EL gehackter frischer Dill
1 EL Olivenöl
1 TL Zitronensaft
Salz und Pfeffer nach Geschmack

1) Die Gurke schälen, entkernen und fein gerieben in einem sauberen Geschirrtuch auspressen, um überschüssige Flüssigkeit zu entfernen.

2) Die Gurke in eine Schüssel geben und mit dem Joghurt, dem Knoblauch, dem Dill, dem Olivenöl und dem Zitronensaft vermengen. Mit Salz und Pfeffer abschmecken.

Knoblauch-Dip

200 g griechischer Joghurt
2 Knoblauchzehen, fein gehackt
Saft von ½ Zitrone
Salz und Pfeffer nach Geschmack

1) Den griechischen Joghurt, den Knoblauch und den Zitronensaft verrühren. Mit Salz und Pfeffer abschmecken.

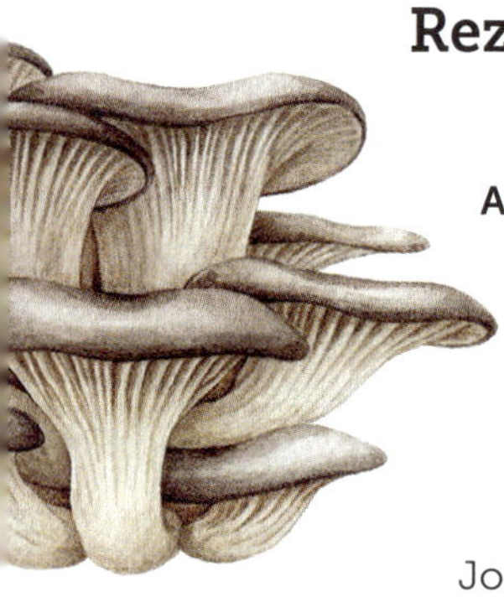

Rezeptregister

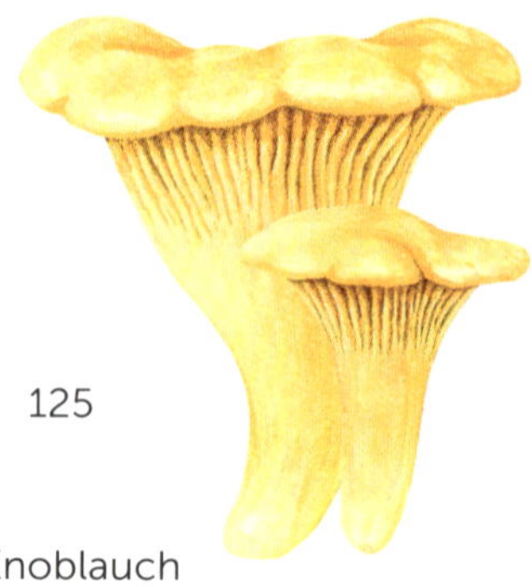

Über Marcin Jucha

Seit mehr als einem Jahrzehnt erschafft Marcin Jucha atem-beraubende Foodbilder, die seine Liebe zur Natur und seine Leidenschaft für gutes Essen widerspiegeln. 2016 gewann wurde er als »Food Photographer of the Year« ausgezeichnet und etablierte sich damit fest in der internationalen Szene der Food-Fotografie.

Nach Jahren des Reisens ist Marcin in seine Heimatstadt Tarnów in Polen zurückgekehrt, wo er in seinem schönen Studio am Ausbau seines Portfolios arbeitet.

Neben seiner Arbeit in der Foodfotografie ist Marcin ein leidenschaftlicher Landschaftsfotograf, Hundeliebhaber und begeisterter Traveller.

Über den Christian Verlag

Der Christian Verlag zählt seit über 30 Jahren zu den renommiertesten deutschen Verlagen für die schönen Dinge des Lebens. In den Themenwelten Kochen und Lifestyle erscheinen hochwertige und besondere Bücher. Die Kochbücher aus dem Christian Verlag haben bereits zahlreiche Preise erhalten, darunter den »Gourmand Cookbook Award«, Medaillen der »Gastronomischen Akademie Deutschland (GAD)« und Auszeichnungen für den Deutschen Kochbuchpreis.

Impressum

Produktmanagement: Stefanie Gückstock
Redaktion: Constanze Lüdicke
Korrektorat: Ralf J. Klumb | The Wordworms, Berlin
Layout: Marcus Taeschner, a flock of sheep
Umschlaggestaltung: Dominik Günzinger
Repro: LUDWIG:media
Herstellung: Julia Hegele

Printed in Poland by CGS Printing

Texte und Rezepte: Christian Verlag
Fotografie: Marcin Jucha; siehe auch Bildnachweis

Unser komplettes Programm finden Sie hier:

www.christian-verlag.de

Alle Angaben dieses Werkes wurden vom Autor sorgfältig recherchiert und auf den neuesten Stand gebracht sowie vom Verlag geprüft. Für die Richtigkeit der Angaben kann jedoch keine Haftung übernommen werden, weshalb die Nutzung auf eigene Gefahr erfolgt. Sollte dieses Werk Links auf Webseiten Dritter enthalten, so machen wir uns die Inhalte nicht zu eigen und übernehmen für die Inhalte keine Haftung.

In diesem Buch wird aus Gründen der besseren Lesbarkeit das generische Maskulinum verwendet. Weibliche und anderweitige Geschlechteridentitäten werden dabei ausdrücklich mitgemeint, soweit es für die Aussage erforderlich ist.

★★★★★

Sind Sie mit diesem Titel zufrieden? Dann würden wir uns über ihre Weiterempfehlung freuen. Erzählen Sie es im Freundeskreis, berichten Sie Ihrem Buchhändler, oder bewerten Sie nach Onlinekauf. Und wenn Sie Kritik, Korrekturen, Aktualisierungen haben, freuen wir uns über Ihre Nachricht an Christian Verlag GmbH, Postfach 40 02 09, D-80702 München oder per E-Mail an lektorat@verlagshaus.de.

Bildnachweis: Alle Bilder des Innenteils stammen von Marcin Jucha, mit Ausnahme der Illustrationen: Seite 6/7, 15, 16, 17, 18 oben, 19, 148/149: shutterstock/anitapol; Vorsatz, Seite 9, 23, 45, 115, 133: shutterstock/T-K-M; Seite 36/37, Nachsatz: shutterstock/Hitriy Lis; Seite 52/53: shutterstock/Sakurra; Seite 67: shutterstock/spirkaart; Seite 89: shutterstock/Anat_OM.

Seite 33, 46, 49, 50, 64, 86, 96, 99, 101, 124, 127, 138 generiert von Marcin Jucha mit KI-Tools.

Die Deutsche Nationalbibliothek verzeichnet diese Publikation in der Deutschen Nationalbibliografie; detaillierte bibliografische Daten sind im Internet über http://dnb.d-nb.de abrufbar.

Infanteriestraße 11a
80797 München

ISBN: 978-3-95961-898-4

Ebenfalls erhältlich ...

ISBN 978-3-95961-679-9

ISBN 978-3-95961-403-0

ISBN 978-3-95961-858-8

ISBN 978-3-95961-822-9